C.H.BECK ◨ WISSEN

in der Beck'schen Reihe

W0033832

Josef Wiesehöfer bietet eine farbige, klare und informative Schilderung der Geschichte, Gesellschaft und Kultur des antiken Persiens. Ein besonderer Reiz dieser leicht lesbaren Darstellung liegt darin, daß sie auf umfangreichen Studien der persischen Quellen fußt. Es ist aber noch gar nicht lange her, da wurde die Geschichte des antiken Persiens aus einer rein europäischen Perspektive erzählt. Die Gründe dafür lagen vor allem in der nur wenig verbreiteten Kenntnis des Alt- und Mittelpersischen, die für die Lektüre der Überlieferung in der Landessprache erforderlich gewesen wäre. Aber warum sollte man diese Sprachen auch lernen – wußte man sich doch als Europäer auf der „Siegerseite" in jener großen Konfrontation im ersten Viertel des 5. Jahrhunderts v. Chr., als die Griechen die persischen Invasionsversuche abgewehrt hatten? Geschichtsschreibung war und ist eben bis heute nur allzu häufig die Geschichtsschreibung der Sieger … Diese Einstellung führte zu einer bedauerlichen Vernachlässigung in der Erforschung, zumindest aber zu großen Lücken in unserer Kenntnis der Geschichte und der reichen Kultur eines der bedeutendsten Völker des Alten Orients. Deshalb soll nun der vorliegende Band einem breiten Leserkreis einen Überblick über die mehr als tausendjährige historische und kulturelle Entwicklung des antiken Persiens von den Anfängen der antiken Weltmacht bis zum Auftreten des Islam vermitteln.

Josef Wiesehöfer lehrt als Professor für Alte Geschichte an der Christian-Albrechts-Universität zu Kiel; er ist ein vielfach ausgewiesener Spezialist für die Erforschung des antiken Persiens. Im Verlag C. H. Beck ist von ihm lieferbar: *Die „dunklen Jahrhunderte" der Persis. Untersuchungen zu Geschichte und Kultur von Fars in frühhellenistischer Zeit (330–140 v. Chr.),* Zetemata 90, 1994.

Josef Wiesehöfer

DAS FRÜHE PERSIEN

Geschichte eines antiken Weltreichs

Verlag C.H.Beck

Mit sieben Abbildungen, einer Karte und einer Zeittafel

Meinem Schwager und Freund
Herbert Menke
(1950–1998)
in dankbarer Erinnerung zugeeignet.

Die Deutsche Bibliothek – CIP-Einheitsaufnahme

Wiesehöfer, Josef:
Das frühe Persien : Geschichte eines antiken Weltreichs /
Josef Wiesehöfer. – Orig.-Ausg. – München : Beck, 1999
(C. H. Beck Wissen in der Beck'schen Reihe ; 2107)
ISBN 3 406 43307 3

Originalausgabe
ISBN 3 406 43307 3

Umschlagentwurf von Uwe Göbel, München
© C. H. Beck'sche Verlagsbuchhandlung (Oscar Beck), München 1999
Gesamtherstellung: C. H. Beck'sche Buchdruckerei, Nördlingen
Gedruckt auf säurefreiem, alterungsbeständigem Papier
(hergestellt aus chlorfrei gebleichtem Zellstoff)
Printed in Germany

Inhalt

I. Historische, geographische und ethnographische Einführung

Im März 1765 begab sich ein Mann zu den Altertümern von Persepolis in Südwestiran, der – ohne dies zu beabsichtigen und zu ahnen – mit seinem Bericht über den Aufenthalt dort entscheidende Anstöße geben sollte für eine Sicht des Alten Iran, der sich noch der Autor dieses Büchleins verbunden weiß. Es war Carsten Niebuhr aus Lüdingworth bei Cuxhaven, der einzige Überlebende der berühmten dänischen Arabienexpedition von 1761–1767. Er erfüllte sich, wenn wir seinem Sohn Barthold Georg glauben dürfen, dem Begründer der (althistorischen) ‚Zunft‘ des Verfassers dieser Zeilen, mit diesem Besuch einen langersehnten Wunsch:

„Diese Ruinen, ihre Inschriften und Basreliefs waren durch drei frühere Reisende so weit abgezeichnet, daß sie meines Vaters Aufmerksamkeit als das wichtigste Denkmal des Orients mächtig erregten; denn kein anderes weder in Asien noch in Aegypten gewährte so wahrscheinliche Hoffnungen, seinen historischen geschriebenen und dargestellten Inhalt vereinigt verstehen zu können, und sein treffender Blick belehrte ihn, wie ungenügend die bisherigen Abzeichnungen seyen. Nichts von allem, was er in Asien gesehen, zog ihn so mächtig in der Erwartung an: – er konnte nicht rasten, ehe er Persepolis erreicht, und die letzte Nacht verging ihm schlaflos." (*Carsten Niebuhr's Leben*, Kiel 1817, 32)

Dem „Beschreiber" (und genauen Zeichner) Niebuhr, der seine Erwartungen im übrigen in höchstem Maße erfüllt fand („Das Bild dieser Ruinen blieb ihm sein Leben lang unauslöschlich, sie waren für ihn das Juwel von allem, was er gesehen"), folgten die „Erklärer", wie Johann Gottfried Herder sie nannte, der selbst zu ihnen zählte (*Persepolis, eine Muthmaassung*, Gotha ²1798). Sie bemühten sich, die von Niebuhr beschriebenen Plätze historisch einzuordnen, die von ihm gezeichneten

Reliefs zu datieren und ikonographisch zu deuten, die von ihm kopierten Inschriften zu entziffern, zu lesen und zu erklären.

Niebuhr war im übrigen in Persepolis und Umgebung nicht nur auf – wie die Einheimischen sie nannten – „ğamšidische" Relikte gestoßen, d.h. auf die angeblichen Werke des iranischen Sagenkönigs Ğamšid, sondern auch auf solche, die dem großen Helden Rustam zugeschrieben wurden. Heute wissen wir, daß sie von achaimenidischen (6.–4. Jh. v. Chr.) und sasanidischen (3.–7. Jh. n. Chr.) Königen in Auftrag gegeben worden waren. Auch wenn Persepolis, die Residenz der Achaimenidenkönige, von Anfang an das besondere Augenmerk der „Erklärer" fand, so darf man Niebuhr doch getrost auch als den „Beschreiber" des nachachaimenidischen Iran bezeichnen.

Die Schriftenentzifferer, Archäologen und Historiker des 19. und 20. Jahrhunderts legten ihrerseits den Grundstein für ein Verständnis des Alten Iran aus sich selbst heraus, mit Hilfe seiner eigenen Hinterlassenschaft. Die meisten von ihnen waren allerdings dem bis dahin ausschließlich tradierten griechisch-römischen und biblischen Bild des frühen Persiens noch so stark verbunden, daß sie sich nur bedingt von den dort vermittelten Urteilen und Vorurteilen über die alten Iraner lösen konnten. Im Gesamtensemble der altertumskundlichen Wissenschaften kam das antike Persien so kaum über den Status einer ‚Randkultur' hinaus, interessant zwar, aber doch eigentlich nicht bedeutsam für den Gang der Zivilisationsgeschichte, höchstens untersuchenswert in den Phasen seiner Geschichte und den Aspekten seiner Kultur, die von Griechen und Römern mitbestimmt worden waren.

In diesem Büchlein soll – wie inzwischen in manchen anderen Darstellungen neueren Datums – der Versuch gemacht werden, sich von der ausschließlich europäischen Sicht der Dinge zu lösen, den Iran in seinen Zeugnissen selbst ‚zu Wort' (bzw. ‚ins Bild') kommen zu lassen, z.T. schon in der Antike angelegte und bis in unsere Zeit wirkende Wertemuster, Völkertypologien und Vorurteile zu überwinden und den rechten Blick für die Eigenarten des Fremden, Unvertrauten zu gewinnen.

Mancher von Ihnen könnte fragen, warum der Titel des Buches *Das frühe Persien* lautet, bislang aber zumeist vom „Alten Iran" die Rede war. Beide Bezeichnungen haben ihre Geschichte und damit auch ihre Berechtigung. Während der Name *Persien* letztlich auf altpersisch *Pārsa* (griech. *Persis*) zurückgeht, damit eigentlich zunächst nur eine südwestiranische Region bezeichnet, dann aber später die provinzialen Grenzen überwindet, leitet sich der Begriff *Iran* ab von mittelpersisch *ērān*, dem Gen.pl. von *ēr*, der den ersten Bestandteil des Ausdrucks *Ērān-šahr* („Land der Arier/Iranier") bildet. Obgleich bereits die Achaimeniden dem *ēr* zugrundeliegenden *ariya* ethnischen Wert beimaßen – so kennzeichnet sich Dareios I. in seiner Grabinschrift (DNa) als *ariya* bzw. *ariyačiça*, als „arisch" bzw. „von arischer Abstammung" – ist Iran als zugleich ethnischer, religiöser und politischer Begriff frühsasanidische Schöpfung. Er verschwand mit dem Untergang der Dynastie, wurde dann zur historisierenden Bezeichnung für ihr Reich und als politisches Konzept erst im Reich der Il-Xane und unter der Pahlavi-Dynastie wiederbelebt.

Unter Iran verstanden die dort lebenden Menschen der Antike nicht nur die Regionen, die heute das Territorium des Nationalstaates Iran ausmachen, sondern auch solche von Iranern bewohnten Landschaften, die heute Bestandteile der Staatsgebiete Afghanistans, Pakistans, Turkmenistans, Usbekistans, Tadschikistans und Kirgistans bilden.

Wer einmal auf den Spuren Alexanders, zumindest denen auf den Karten eines historischen Atlanten, gewandelt ist, wer sich einmal gefragt hat, warum der Konflikt zwischen Iran und Turan, d. h. den Völkern des iranischen Hochlands und denen der Steppengebiete Zentralasiens, die iranische Tradition entscheidend bestimmt, der weiß um die Bedeutung der (historischen) Geographie für ein rechtes Verständnis der landschaftlichen und provinzialen Gliederung Irans, seiner landwirtschaftlichen und infrastrukturellen Erschließung sowie der Probleme seiner politischen Kontrolle. Beschränken wir unseren diesbezüglichen Blick auf die Territorien der heutigen Nationalstaaten Iran und Afghanistan, die einen Großteil des antiken *Ērānšahr* abdecken, dann ergibt sich folgendes Bild: Das Staatsgebiet Irans ist zu charakterisieren als ein aus Senken und Talbecken bestehendes inneres Hochland, das von Randgebirgsketten eingefaßt wird; im Norden vom Elburz und den nordiranischen Randgebirgen, die sich über den Hindukusch zum Pamir hin fortsetzen, im Westen und Süden vom mehrzügigen Zagros, der Iran gegen Mesopotamien und den Persischen Golf hin abschirmt, im Osten durch nach Norden sich erstreckende Gebirgsketten, die sich im Hindukusch vereinigen. Das Innere Irans wird durch Gebirgszüge (Kuhrud, ostiranische Grenzgebirge) in abflußlose Senken und Becken unterteilt, in denen sich ausgedehnte (Salz-)Wüsten und salzhaltige Restseen befinden. Afghanistan setzt das iranische Hochland in nordöstlicher Richtung fort, mit den zum Pamir verlaufenden Hindukuschketten als Zentralachse. Es bildet eine Art ‚Paßstaat‘ zwischen dem Indusgebiet und Zentralasien und wird größtenteils über den Amu Darya (Oxos) zum Aralsee und über den Hilmand und Harrut zum Hilmand-Salzsee hin entwässert.

Klimatisch ist Iran als kontinental und niederschlagsarm zu kennzeichnen; allein die Randgebirge des Kaspischen Meeres werden durchgängig und reichlich mit Niederschlag bedacht. Bei nur wenigen Regenfeldbauregionen kam in Iran, aber vor allem auch in dem durch noch extremer kontinentales Klima geprägten Afghanistan, zu allen Zeiten der künstlichen Bewässerung enorme Bedeutung zu.

Obgleich dem Begriff *Ērān/Iran* wohl ein ethnischer Gehalt eigen ist, fassen wir die dort siedelnde Bevölkerung vor allem in Form von Sprachgruppen, denen ihre Zugehörigkeit zum indoiranischen bzw. arischen Zweig der indogermanischen Sprachfamilie gemeinsam ist. Die Sprachwissenschaft ordnet dabei die iranischen Sprachen geschichtlicher Zeit drei Perioden zu (Altiranisch [bis 4./3. Jh. v. Chr.]; Mitteliranisch [bis 8./9. Jh. n. Chr.] und Neuiranisch) und unterscheidet darin verschiedene Einzelsprachen bzw. Dialekte (*Altiranisch*: Altpersisch, Avestisch, andere [kaum noch erkennbare] Dialekte; *Mitteliranisch*: Mittelpersisch, Parthisch, Sogdisch, Chwaresmisch, Sakisch, Baktrisch, andere Dialekte). Neben Iranern wohnten auf dem Territorium des Alten Iran noch andere Völker bzw. Sprachgruppen, von denen in achaimenidischer Zeit die Elamer (in Südwestiran), in parthischer und sasanidischer Zeit Griechen, Armenier, Araber, Juden und aramäischsprachige Bevölkerungsgruppen die bedeutsamsten sind.

In diesem Buch ist versucht worden, orientalische Namen und Begriffe so zu schreiben, daß sie dem Leser die Lektüre erleichtern und dennoch phonetisch nachvollziehbar sind. So ist – außer in fremdsprachigen Termini – auf die Verwendung von Längen- und Sonderzeichen verzichtet worden, mit Ausnahme von č (Aussprache *tsch*), ğ (Aussprache *dsch*, wie in *Dschungel*), š/ś (*sch*) und x/ḫ (*ch*); ein Personenname wie Valaxš wäre demnach als *Walachsch* zu sprechen, ein Ortsname Naqš-i Rağab wie *Naksch-i Radschab*. Möglicherweise unbekannte Siglen, Namen und Begriffe werden im Abkürzungsverzeichnis bzw. im Register erläutert.

Dieses Buch ist einem der wunderbarsten Menschen gewidmet, deren Bekanntschaft und Freundschaft ich bislang erfahren durfte.

II. Persien unter der Dynastie der Achaimeniden (550–330 v. Chr.)

Bäte man die historisch interessierten Zeitgenossen in unserem Lande um spontane Äußerungen zu den antiken Persern, dann fielen zweifelsohne früh Begriffe wie „Perserkriege", „Salamis", „Marathon", „Issos" oder „orientalische Despotie". Sie alle haben gemeinsam, daß sie die Perser vornehmlich als militärische Gegner und politische Antagonisten der Griechen vorstellen und sich dem traditionsbestimmenden Teil der antiken Überlieferung verdanken. Die uns geläufige Wahrnehmung der Perser als Feinde der uns vertraut erscheinenden Hellenen liefert – obgleich als Fremdbewertung einer ‚Außen-' oder gar ‚Gegenwelt' historisch informativ – aus mancherlei Gründen ein eher unzulängliches denn erhellendes Bild der Wirklichkeit: Sie ist subjektiv schon in der Auswahl der bedeutend vielfältigeren griechischen Zeugnisse und verzichtet auf die einheimisch-zeitgenössischen nahezu vollständig, sie unterschätzt die Mannigfaltigkeit griechisch-persischer Begegnungsweisen, und sie reduziert die fremde Welt auf ihre militärisch-politische Dimension und ihre Beziehungen nach Westen.

Wem es vergönnt ist, auch die ehemaligen Kernländer des Achaimenidenreiches zu besuchen, etwa Mesopotamien, Medien, die Persis oder Baktrien, wer dabei die Residenzen und andere wichtige Plätze des Reiches in Augenschein nehmen, ja selbst wer eine der großen Ausstellungen zum Alten Iran besuchen kann, dem erschließen sich noch andere Dimensionen des ersten Weltreiches der Antike: seine Multikulturalität und ethnische Vielfalt, die sich an der Zahl der gesprochenen Sprachen und benutzten Schriftsysteme ebenso ablesen läßt wie an der Fülle von Kulten, Weltanschauungen und Bestattungsbräuchen; seine kulturelle und wirtschaftliche Mittlerfunktion, festzumachen an der achaimenidischen Reichs- und Regionalkunst ebenso wie an den Resten der Reichsstraßen, Kanäle und Handelsrouten; seine historische Bedeutung für die Geschichte des Vorderen Orients, wenn es etwa frühere Traditionen der Hochkulturen jenes Raumes bewahrt, adaptiert und weitergibt oder hellenistischen und späteren iranischen Dynastien zum politischen ,Vorbild' wird.

Lassen Sie uns den genaueren Blick auf das achaimenidische Persien mit einem Überblick über die Zeugnisse beginnen und dabei bewußt den Akzent auf die Innensicht des Reiches legen.

Die Überlieferung

Auch wenn – in Ermangelung iranischer Pendants eines Herodot oder eines Xenophon – keine schriftlichen Zeugnisse vom Boden des Reiches der griechischen historiographischen Tradition an Ausführlichkeit und literarischer Qualität gleichkommen, so haben diese doch den großen Vorteil der zeitlichen wie räumlichen Nähe zum Untersuchungsgegenstand. Dies gilt vor allem für die in der Regel dreisprachigen *Königsinschriften*, die insbesondere in den Residenzen der Persis, aber auch in anderen Teilen des Reiches ans Licht gekommen sind. Mit ihrer Verwendung des Altpersischen, einer stilisierten Form der Muttersprache von Königen und südwestiranischen Untertanen, des Elamischen, des Babylonischen bzw., in Ägypten, des Hieroglyphenägyptischen, knüpfen die Achaimeniden an die Traditionenen der Vorgängerreiche an und stellen sich in die Nachfolge der mesopotamischen und ägyptischen Herrscher. Die historisch bedeutsamste und auch längste Königsinschrift ist der dreisprachige Tatenbericht Dareios' I. aus Bisutun, gelegen an der alten Karawanen- und Heeresstraße von Mesopotamien über den Zagros nach Ekbatana (dem heutigen Hamadan). An einer Felswand des zu ihrer Zeit als „Götterplatz" bekannten Ortes und in Verbindung stehend mit einem Zeit und Raum in einer pseudohistorischen Szene aufhebenden Triumphrelief (Abb. 1), berichtet er von der Vorgeschichte der Thronbesteigung des wohl größten Achaimeniden und von seinen Auseinandersetzungen mit politischen Widersachern im Reich, von Dareios als „Lügenkönige" abqualifiziert. Historiker und Archäologen haben nicht nur ergründen können, daß das Denkmal in mehreren Phasen entstand und für die Verschriftung der ursprünglich nicht geplanten altpersischen Version eigens ein Schriftsystem geschaffen wurde, sie haben auch Beweise dafür gefunden, daß Dareios die Wahrheit sagte, als er in der Inschrift von einer Verbreitung des Inhalts im ganzen Reich sprach: Kopien von Relief und Inschrift, den dortigen Verhältnissen angepaßt, fanden sich nämlich in Babylon, Auszüge aus der Bisutun-Inschrift und einer Art ,Fürstenspiegelinschrift' desselben Herrschers auf Papyrus in aramäischer Sprache in Elephantine in Südägypten. Im Gegensatz zur Inschrift von Bisutun (DB) sind die meisten der späteren, schon bald nach Dareios an Zahl, Bedeutung und sprachlicher Eleganz abnehmenden repräsentativen Königsinschriften (wie auch die Reliefs) eher ort- und zeitlose und damit ohne großen Aufwand kopierbare Kompositionen, die den Reichsbewohnern die besonderen Qualitäten und Leistungen der Herrscher

13

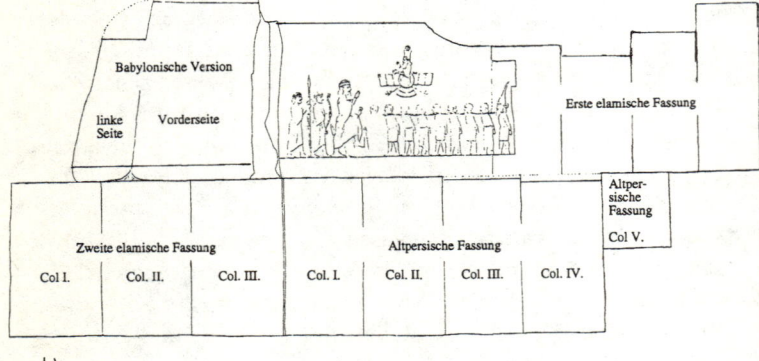

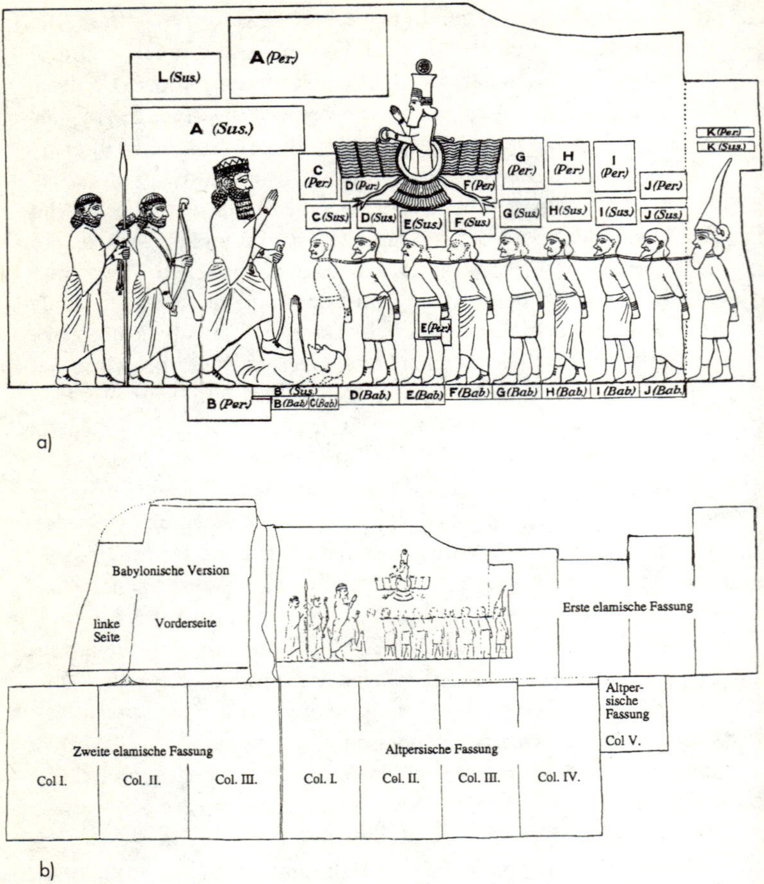

Abb. 1: Bisutun: Relief und Inschrift Dareios' I. (Umzeichnung)
(nach L.W. King/R. C. Thompson, *The Sculptures and Inscription
of Darius the Great on the Rock of Behistun in Persia*, London 1907;
mit Verbesserungen von R. Schmitt, R. Borger und dem Autor)
a) Bisutun, Dareios-Relief (Umzeichnung). Eingezeichnet ist auch
die Position der kurzen altpersischen (Per.), elamischen (Sus.) und der
babylonischen (Bab.) Inschriften (Beischriften) DBa-l (hier A–L)
b) Bisutun, Monument Dareios' I. (Umzeichnung)

und die untertänige Pflicht zur Loyalität ihnen gegenüber einzuschärfen versuchen. Dies gilt für das Original des besagten ‚Fürstenspiegels' Dareios' I. von der Front seines Felsgrabes in Naqš-i Rustam bei Persepolis, die ‚Burgbauinschrift' desselben Herrschers aus Susa und die Inschrift des Xerxes gegen die von Rebellen angerufenen „Götzen" gleichermaßen. Es waren die nahezu textgleichen mehrsprachigen achaimenidischen Inschriften aus Bisutun und Persepolis, die zu Beginn des 19. Jh. die Entzifferungsgeschichte der Keilschrift einleiteten und damit letztendlich ein Verständnis der vorderorientalischen Hochkulturen aus sich selbst heraus ermöglichten.

Unter den *elamischen* Zeugnissen aus achaimenidischer Zeit ragen neben den diesbezüglichen Versionen der Königsinschriften die im ‚Brand von Persepolis' (s. S. 21) gebrannten Tontafeln heraus, nach ihrem Fundort in „Schatzhaustäfelchen" (*Persepolis Treasury Tablets [PTT]*) und „Walltäfelchen" (*Persepolis Fortification Tablets [PFT]*) zu scheiden. Registrieren erstere, in die Jahre 492–458 v. Chr. datierbar, in erster Linie die Ausgabe von Silber und Naturalien an die in Persepolis beschäftigten Arbeiter, so sind letztere aus den Jahren 509–494 v. Chr., von denen bislang nur ein Bruchteil publiziert wurde, ihrem Charakter nach Buchungen über den Ein- und Ausgang von Lebensmitteln sowie Klein- und Großvieh, die etwa als Rationen, Naturallöhne oder Reiseproviant an Arbeiter, Kultpersonal oder persische Aristokraten beiderlei Geschlechts ausgegeben wurden. Diese auf den ersten Blick relativ unscheinbaren und gleichförmigen Texte erhalten dadurch ihre historische Bedeutung, daß, wie gesagt, zum einen bedeutsame männliche und weibliche Persönlichkeiten und Kollektive ethnisch geschiedener Arbeitskräfte in ihnen agieren, zum anderen ein System regionaler Verwaltungs- und Wirtschaftspraxis und manch demographisches, siedlungsgeographisches, infrastrukturelles und ernährungsphysiologisches Detail in ihnen aufscheint. Offenbar hat man sich bei allem, zumindest bis in die Zeit Artaxerxes' I., der elamischen Sprache bedient und von der fachlichen Kompetenz von Elamern profitiert; von den danach vermutlich benutzten vergänglichen, aramäisch beschriebenen Schriftträgern ist leider nichts auf uns gekommen.

Unter den Keilschrifttexten in *babylonischer* Sprache kommt der Nabonidchronik, die aus der Sicht Kyros' II. die Vorgeschichte und Geschichte der Eroberung Babyloniens durch die Perser schildert, und der sog. Kyroszylinderinschrift besondere Bedeutung zu. Letztere, gleichfalls im Auftrag des neuen Herren verfaßt und als Bauinschrift konzipiert, stellt Kyros als Liebling und Werkzeug des babylonischen Hauptgottes Marduk vor und würdigt das Bemühen des Königs um das Wohlergehen des Landes und die Pflege der Kulte. Neben weiteren Königsinschriften, Informationen in Chroniken, ,astronomischen Tagebuchaufzeichnungen', Königslisten, Prophezeiungen und Dichtungen belegen Tausende von Wirtschafts- und Rechtsdokumenten, vor allem der zweiten Hälfte des 5. Jh., aus den Archiven von Tempeln und ,Handelshäusern' die besondere Bedeutung Babyloniens für das Reichsganze. Zugleich besitzen sie eine nicht zu unterschätzende namenkundliche Bedeutung.

An nächster Stelle sind die Zeugnisse in *aramäischer* Sprache zu nennen, der Sprache ,internationaler' Verständigung bereits seit assyrischer Zeit. Zeugnisse aus nahezu allen Reichsteilen, etwa beschriftete Mörser, Tabletts und Schüsseln aus Persepolis, Papyri aus Südägypten, Ostraka aus Palästina und Inschriften aus Kleinasien, dokumentieren die achaimenidische Reichskanzleisprache in ihrer damaligen Sprachform ("Reichsaramäisch"). Zuweilen treten regionalsprachliche Textversionen neben die ,offiziellen' aramäischen und werfen so ein bezeichnendes Licht auf die Komplexität achaimenidischer Verwaltungspraxis.

Unter den Zeugnissen in *ägyptischer* Sprache in Hieroglyphen- bzw. demotischer Schrift aus den beiden Phasen persischer Herrschaft von 525–ca. 400 v. Chr. und 343–332 v. Chr. ragen die folgenden heraus: die Hieroglyphentexte auf den Stelen von Tell el-Maschutah und Schaluf am von Dareios I. fertiggestellten Necho-Kanal sowie die auf dem Gewand und dem Sockel der kopflosen Dareiosstatue aus Susa, das Selbstzeugnis des ägyptischen Überläufers und ‚Kollaborateurs‘ Ud-jahorresnet, der in persischem Auftrag die Ausbildung qualifizierter Ärzte in Ägypten organisierte, und neuerdings die Inschriften auf der Grabstele eines persischen Funktionärs aus Saqqara; in seinen Bildern zeigt dieses bemerkenswerte Zeugnis den Mann im übrigen nach persischer Façon unter den Lebenden und nach ägyptischer unter den Toten.

Für die Beziehungen zwischen Griechen und Persern, ob kriegerischer oder friedlicher Art, und die griechische Sicht der „barbarischen“ Nachbarn, sind die *Schriftsteller und Dichter Griechenlands* unsere wichtigsten Gewährsleute; Auskünfte über Iran selbst sind dabei, sieht man einmal von einem Teil der Alexanderhistoriker ab, eher selten. Dabei werden bestimmte Autoren des 4. Jh. (etwa Platon, Aristoteles, Isokrates oder Ktesias) in ihrer historischen Zuverlässigkeit zuweilen über-, andere (wie etwa Plutarch mit seiner Lebensbeschreibung Artaxerxes’ II.) eher unterschätzt. Häufig genug wird übersehen, daß die griechischen Vorstellungen vom reichen und mächtigen, zugleich jedoch luxussüchtigen, verweichlichten, despotischen und (von einflußreichen Damen und Eunuchen des Hofes) manipulierten Großkönig nicht nur der eigenen – griechischen – Identitätsfindung dienen sollten, sondern als Teil unserer europäischen Tradition bis heute fortwirken. Bei Herodot, unserem insgesamt wichtigsten antiken Gewährsmann (allerdings nur für die Anfänge des Reiches), stehen vertrauenswürdige Informationen (gerade in jenem Teil seines Werkes, der ‚persischer *logos*‘ genannt wird) neben offensichtlich unglaubwürdigen (im babylonischen und ägyptischen *logos*) und fordern – auch zur Ehrenrettung des Autors, der ja kein moderner Historiker war – ein erneutes Nachdenken über Werkabsicht, Überlieferungspraxis und Gestaltungskraft gleichermaßen; sein Epigone Xenophon ist mit, wenn auch z.T. tendenziösen, historiographischen (*Anabasis*, *Hellenika*) und fiktional-didaktischen (*Kyroupaideia*) Werken im Corpus der Perserliteratur vertreten, Werken, die ihre je spezifische Ausdeutung verlangen, zugleich aber auch (*Anabasis*) eine Fülle interessanter Einzelbeobachtungen enthalten. Über diesen Autoren sollte man nicht einige bedeutsame epigraphische Zeugnisse in griechischer Sprache vergessen, etwa die im Louvre befindliche kaiserzeitliche Abschrift eines Briefes Dareios' I. an seinen Funktionär Gadatas aus Magnesia.

Für die Bücher des Alten Testaments, die die Achaimenidenzeit betreffen (etwa Deuterojesaja, Esra/Nehemia, Daniel, Esther), gilt Ähnliches wie für einen Teil der griechischen Überlieferung. Keines von ihnen ist ein strenggenommen ,historisches' Werk, alle geben weniger Auskunft über die Perser als über die besondere Beziehung zwischen Gott und Gottesvolk in nachexilisch-persischer Zeit, manches (Daniel, Esther) benutzt die Perserzeit gar nur als pseudohistorische Kulisse. So ist der positiv gezeichnete Kyros der Bibel als theologisch gedeutetes Werkzeug Jahwes richtig bestimmt, nicht als historische Persönlichkeit, die jüdischen Angelegenheiten besonders verpflichtet ist und als toleranter Monarch Vorbildfunktion besitzt.

Welche Texte des Avesta, konkret: des jüngeren Teils des religiösen Schrifttums der Zoroastrier (Anhänger des altiran. Religionsstifters Zarathustra/Zoroaster), in der Achaimenidenzeit entstanden sein könnten, ist kaum zu entscheiden. Erstmals schriftlich niedergelegt wurde dieses Corpus in sasanidischer Zeit, die ältesten Handschriften stammen gar erst aus dem 13. Jahrhundert n. Chr.

Unser Überblick über die Schriftzeugnisse hat bereits einen Eindruck davon vermitteln können, wieviele unterschiedliche *Sprachen* im Perserreich gesprochen wurden: das Altpersische als Sprache der Könige und Bewohner der Persis, in seiner stilisierten Form als Hof- und Inschriftensprache genutzt, das Medische, Parthische, Skythische und andere altiranische Sprachen, deren Existenz durch besondere Wort- und Namensformen im Altpersischen und in der Nebenüberlieferung, nicht jedoch durch eigene Textcorpora erschlossen werden kann, das Avestische, dessen geographisch-dialektale Einordnung schwierig ist; unter den nichtiranischen Sprachen das Aramäische, die offizielle Verwaltungssprache im Achaimenidenreich, sowie das Elamische, die Landessprache der Persis vor der

Landnahme der Perser und lange Zeit die Sprache der Hofverwaltung, das Akkadische in seiner spätbabylonischen Ausprägung, das Ägyptische, das Lydische und Lykische in Kleinasien und das Griechische im Westen des Reiches, um nur die wichtigsten Regionalsprachen zu nennen.

Es versteht sich von selbst, daß die Perserzeit aufgrund administrativ-politischer Notwendigkeiten und regen kulturellen und wirtschaftlichen Austausches eine Zeit intensiver Sprachkontakte und -vermittlungsbemühungen (durch Dolmetscher, Übersetzer etc.) gewesen sein muß. Aus allem ergibt sich zugleich, daß vor einer unkritischen Gleichsetzung von abstammungsdefinierten oder gar pseudohistorischen Ethnien und durch Sprachpraxis bestimmten Bevölkerungsgruppen nur gewarnt werden kann.

Das Monument von Bisutun hat uns mit seiner Verbindung von Inschrift und Relief bereits mit nichtschriftlichen Zeugnissen vertraut gemacht, die für das Verständnis einer maßgeblich durch Mündlichkeit bestimmten Kutur wie der iranischen von nicht minder großer Bedeutung wie die Schriftzeugnisse sind. Neben den Werken der Kleinkunst wie Münzen und Siegeln sowie den Objekten königlich-aristokratischen Lebensstils wie Schmuck, Gefäßen, Waffen oder Textilien stechen natürlich vor allem die monumentalen Werke achaimenidischer Reichskunst ins Auge: die Felsreliefs, die Skulpturen und insbesondere die eindrucksvollen Beispiele persischer Palast- und Grabarchitektur. Unter den Residenzen der achaimenidischen ‚Reisekönige‘ (s. S. 58) und Satrapen, die uns nur zum Teil archäologisch erschlossen wurden, ragen die in eine bewässerte Gartenlandschaft (griech. *paradeisos*; daher unser Begriff *Paradies*) eingestreuten Gebäude der Kyrosresidenz Pasargadai, die als Stätte der Herrscherinvestitur bedeutsam blieb, die erste Residenz Dareios’ I. in der elamischen Metropole Susa, in der auch ein Palast Artaxerxes’ II. ausgegraben wurde und, jedem Iranreisenden ein Begriff, *Persepolis*, das Herz der Persis und des Reiches, heraus.

Pārsa, wie sie altpersisch hieß, deren Bau um 515 v. Chr. von Dareios befohlen worden war und in dem sich vor allem

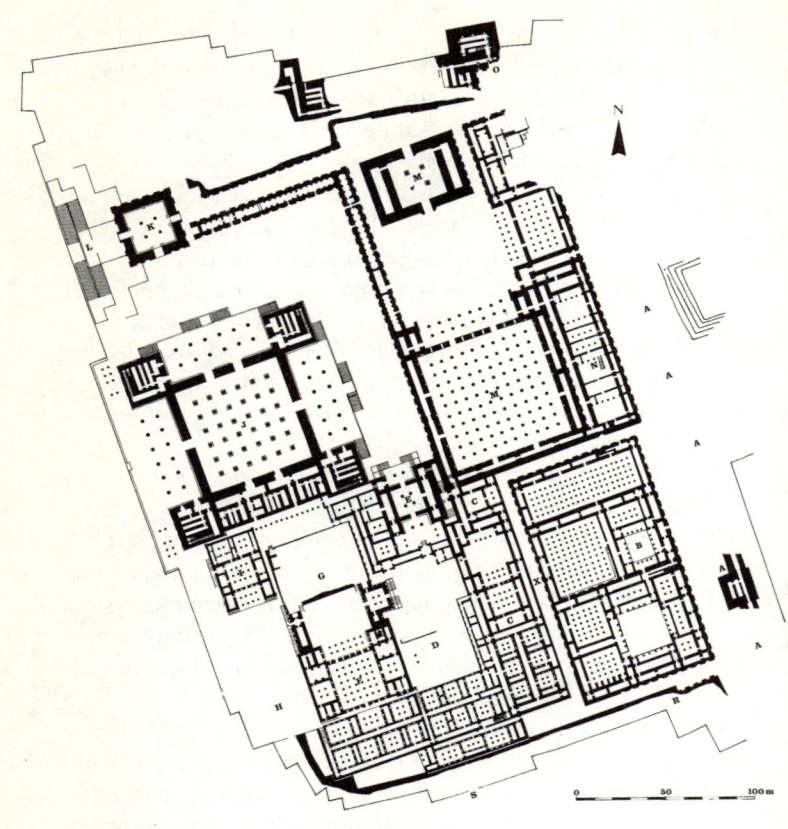

Abb. 2: Persepolis (Plan)
(nach L. Trümpelmann, *Persepolis*, Mainz 1992,
Abb. 32 mit der Legende des Autors)
A: Östliche Befestigungsmauer, B: Schatzhaus, C: Wohnteil (‚Harem'),
E: Tripylon, F: Palast des Xerxes, I: Palast des Dareios,
J: Thronsaal (Apadana), K: „Tor aller Länder", L: Treppenanlage,
M: „Hundertsäulensaal", R: Südmauer, S: Bauinschrift des Dareios

Xerxes I. und sein Sohn Artaxerxes I. ein Denkmal setzten
(Abb. 2), war dabei nicht nur Residenz und Verwaltungszen-
trum, sondern auch ein Platz, an dem, in Inschriften, Reliefs und
Architektur, in besonderer Weise die königliche Idee von der

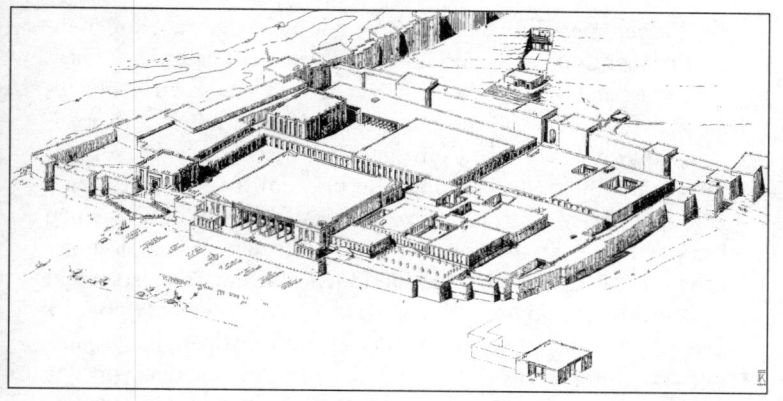

Abb. 3: Persepolis (Rekonstruktion)
(nach F. Krefter, *Persepolis-Rekonstruktionen*, Berlin 1971, Beil. 34)

pax Achaemenidica, der göttlich geschenkten, von den Königen garantierten und den Untertanen gewünschten universellen Friedensordnung, zum Ausdruck kommt. Die in den Inschriften erwähnten und auf den Reliefs abgebildeten gabenbringenden Völkerschaften, die sich zu Banketten versammelnden und auf herrscherlichen Gunsterweis hoffenden Würdenträger, die die Sicherheit des Königs und des Reiches garantierenden Leibwächter und Soldaten und nicht zuletzt der gerechte Herrscher „von Gottes Gnaden" (s. S. 48) selbst – sie alle werden als Teilnehmer an Zeremonien vorgestellt, die das Zusammenwirken von König und Untertanen zu beiderseitigem Nutzen symbolisieren.

Wer heute nach Persepolis kommt, erhält trotz des eindrucksvollen erhaltenen Teils nur noch einen schwachen Eindruck von der Pracht der Bauten der Terrassenanlage (Abb. 3), die den Soldaten Alexanders als „reichste Stadt unter der Sonne" erschien und begehrtes Objekt ihrer Plünderungslust wurde. ,Untergegangen' ist sie, trotz der gezielten Brandstiftung Alexanders in den von Xerxes errichteten Gebäuden, im übrigen nur in der griechischen Literatur; Persepolis blieb, trotz der Teilzerstörungen, nach 330 genutzt, auch wenn die Bewohner

21

der Umgebung schon einige Jahrhunderte später die Namen ihrer Erbauer und den Zweck der Gebäude nicht mehr kannten.

Erweist sich bereits die in Persepolis oder Susa zu beobachtende Reichs- bzw. Hofkunst als eine eigentümliche, aber zugleich harmonische und einzigartige Mischung von Autochthon-Iranischem, übernommenem und dabei spezifisch ausgewähltem und modifiziertem vorderasiatischem Erbe sowie neu Entworfenem, so kommt die multikulturelle Dimension des achaimenidischen Vielvölker- und Vielkulturenreiches erst recht zum Ausdruck in den Kunstwerken regionaler und lokaler Provenienz oder etwa in der ‚Persermode‘ Athens im 5. Jahrhundert. Illustrieren erstere die Orientierung an den von den Großkönigen gesetzten Vorbildern, provinziale Beharrungskräfte und Kontakte der Regionen nach außerhalb gleicher maßen, läßt letztere die ‚Faszination des Feindes‘ und seines Lebensstils, zugleich aber auch die Mannigfaltigkeit griechisch-persischer Beziehungen erahnen.

Die Geschichte des Achaimenidenreiches von Kyros dem Großen bis Dareios III.

Kernland des Reiches der Perser war eine Region in Südwestiran, die ihren Namen trug (altpers. *Pārsa*, griech. *Persis*) und der sie sich in besonderer Weise verbunden fühlten. Wie die ihnen sprachlich verwandten Meder waren die Perser jedoch nicht die ursprünglichen Bewohner Westirans, sondern Zuwanderer, deren ursprüngliche Lebensweise (Pastoralismus [Hirtenkultur]?), deren Wanderungsphasen und -routen, deren Seßhaftwerdung und Ethnogenese in Ermangelung diesbezüglicher Zeugnisse unklar bleiben. Erst für das 7. Jh. läßt sich der Schleier insofern ein wenig lüften, als sich spätestens in der Phase existentieller Bedrohung Elams durch Assyrien in der Persis, die mit ihrer wichtigsten Siedlung Anšan lange Zeit elamischer Besitz gewesen war, ein oder mehrere unabhängige politische Gebilde zu etablieren begannen, die von persischen Dynastien regiert wurden. Der Umstand, daß noch Kyros d. Gr.

in den 530er Jahren sich und seine Vorfahren als „Könige von Anšan" bezeichnete, ist Beweis für die von den Persern anerkannte Bedeutung elamischer Traditionen.

Im Gegensatz zu den Persern tauchen die Meder – wie auch viele andere Völkerschaften des Zagros und der östlich daran angrenzenden Gebiete – mit ihren Siedlungsplätzen in Nordwestiran seit der zweiten Hälfte des 8. Jh. in den assyrischen Feldzugsberichten auf. Während ein Teil von ihnen unter die Herrschaft Assurs gelangte, blieb ein anderer – in der Region um Ekbatana (Hamadan) – zwar nicht gänzlich unbehelligt, letztlich aber doch außerhalb der assyrischen Reichsgrenzen; beide Gruppen von Medern werden im übrigen von den Assyrern als in kleineren Herrschaftsverbänden organisiert geschildert. Eine militärisch geeinte Medermacht erscheint erst Ende des 7. Jh., als ein ,Herrscher' mit dem Namen Kyaxares in der Lage ist, nicht nur – im Bündnis mit den Babyloniern – die assyrischen Städte Assur, Niniveh und Harran zu plündern, sondern auch die Grenzen medischen Einflusses bis zum Halys in Kleinasien vorzuschieben. Ob wir in dieser Phase und später allerdings ein geeintes starkes Meder*reich* fassen können, das den Persern zum Vorbild werden konnte, oder ob wir es bis zum Sieg des Kyros über den Kyaxaressohn Astyages nicht vielmehr eher mit einer losen medischen Stammesföderation zu tun haben, bleibt umstritten. Untertanen der Meder waren die siegreichen Perser, entgegen späterer griechischer Auffassung, vermutlich nie.

Wohl zu Beginn der 550er Jahre gelangte in *Pārsa* (Fars) ein Mann auf den Thron seiner Väter, der die Geschichte des gesamten Vorderen Orients neu zu schreiben in der Lage war: Kyros, der „König von Anšan". Sich selbst dem Geschlecht der Teispiden zurechnend, das seit einiger Zeit die Persis (oder nur einen Teil mit dem Zentrum Anšan?) kontrolliert hatte, gelang es ihm wohl zunächst, die Region um Susa, das alte Zentrum der Elamer, in die Hand zu bekommen und, so gestärkt, den Kampf mit Astyages, der gegen ihn gezogen war (550 v. Chr.), siegreich zu bestehen: Die medischen Verbände rebellierten gegen ihren Oberbefehlshaber und lieferten ihn an Kyros aus, der im Anschluß Ekbatana, die medische Residenzstadt, einnahm und reiche Beute nach Anšan schaffen ließ. Ekbatana blieb im übrigen während der achaimenidischen (und sogar noch während der hellenistischen) Zeit, wegen seiner strategisch günstigen Lage an den Wegen vom Zweistromland nach Ostiran, einer der wichtigsten Plätze Irans. Hier verewigten sich Dareios und seine Nachfolger in Inschriften und errichteten Gebäude, deren Pracht noch der Geschichtsschreiber Polybios im 2. Jh. v. Chr. rühmte, deren Überreste sich allerdings wegen der modernen Überbauung wohl für immer unseren Blicken entziehen werden.

In grober Unterschätzung der persischen und in ebenso falscher Überschätzung der eigenen Machtmittel glaubte nach Kyros' Sieg der Lyderkönig Kroisos, die politische Landkarte Ostanatoliens neu zeichnen zu können. Als sein Einmarsch in Kappadokien (in den 540er Jahren) und die anschließende, unentschieden endende Schlacht nicht den erwünschten Erfolg zeitigten, zog er sich in die Winterquartiere nach Lydien zurück, um sich mit Hilfe seiner Verbündeten in Babylonien, Ägypten und Sparta auf einen neuen Waffengang vorzubereiten. Kyros bemühte sich, diese Pläne dadurch zu vereiteln, daß er sein Heer nicht entließ, sondern den Lydern nachsetzte und zugleich die griechischen Untertanen des Kroisos zum Abfall von ihrem Oberherrn aufforderte. Auch wenn sich die Griechen loyal gegenüber Kroisos verhielten, sah sich dieser nach einer weiteren Schlacht doch schon bald in seiner Hauptstadt Sardeis eingeschlossen. Nach zweiwöchiger Belagerung, die die Archäologen im Grabungsbefund nachweisen konnten, fiel die Stadt in die Hände der Perser; Kroisos fand wohl in den Kämpfen den Tod, überlebte allein in einem Teil der griechischen Überlieferung, die die Katastrophe mythologisch (Bakchylides) oder rationalisierend (Herodot) ‚schönfärbte' und zugleich die Tradition des ‚großzügigen Siegers' Kyros begründete (Herodot). Wie wenig dieses Bild mit der Wirklichkeit zu tun hat, beweist die Reaktion des Perserkönigs auf die Rebellion des von ihm als Schatzmeister eingesetzten Lyders Paktyes, dem sich die meisten griechischen Küstenstädte angeschlossen hatten. Kyros' Befehlshaber Mazares und Harpagos sorgten nicht nur für die rasche Bestrafung des Aufrührers, sondern rächten sich auch an dessen griechischen Verbündeten: Mazares eroberte Priene, versklavte ihre politische Elite und plünderte Stadt und Umland von Magnesia, Harpagos brachte anschließend Smyrna, Phokaia und andere Städte gewaltsam in seinen Besitz und sicherte den gesamten Küstenstreifen Westkleinasiens bis nach Lykien hin für den Großkönig. Allein Milet, das in lydischer Zeit unabhängig gewesen war, Kyros gegen Kroisos unterstützt und sich dem Aufstand nicht angeschlossen hatte, behielt seinen günstigeren politischen Status.

Babylon, unter seinem König Nabonid, dürften die Niederlagen des Nachbarn Medien und des Verbündeten Lydien sowie die persische Kontrolle Susas nicht unberührt gelassen haben. Welche Ereignisse allerdings der eigenen fatalen Konfrontation mit Kyros vorausgingen, läßt sich wegen Überlieferungsausfalls nicht ausmachen; fest steht jedoch, daß die Spannungen immer mehr zugenommen haben und von Kyros dadurch geschürt worden sein müssen, daß er sich den mit Nabonid unzufriedenen Bevölkerungsgruppen Babyloniens (etwa der Marduk-Priesterschaft) als politische Alternative andiente. Nach seinem Sieg bei Opis, dem anschließenden Massaker an den Soldaten und der Einnahme von Sippar konnte es sich Kyros erlauben, seinen Befehlshaber Ugbaru nach Babylon vorauszuschicken, die Stadt, die dem Beauftragten des Siegers ohne Widerstand ihre Tore öffnete, in Besitz und Nabonid gefangen zu nehmen. Kyros' eigener feierlicher Einzug in die Stadt Ende Oktober 539 v. Chr., an den noch der Šah 1971 (!) erinnern zu müssen glaubte, wurde dabei ebenso nach babylonischem Muster gestaltet wie seine ersten offiziellen Handlungen in der Stadt und im Lande; die unter der gleichen sachkundigen babylonischen Anleitung konzipierte Inschrift des ‚Kyroszylinders‘ stellt den Perserkönig als von Marduk geschätzten und geförderten legitimen König von Babylon vor, der den Verpflichtungen gegenüber Gott und Bevölkerung auf baulichem, sakralem und bevölkerungspolitischem Gebiet zum Wohle des Landes nachkommt. Mit seinem Verhalten schuf

Kyros im übrigen die Voraussetzungen dafür, daß sich die Elite des Landes zur Zusammenarbeit mit dem fremden Herrscher bereit finden konnte. Mit der Niederlage Nabonids hatten auch die ehemals neubabylonischen Territorien von Palästina im Südwesten bis zum Zagros im Osten den Besitzer gewechselt. Inwieweit sich Kyros bei ihrer politischen Anbindung an das Reich am babylonischen Vorbild orientierte und inwieweit er in den neun Jahren seiner Herrschaft dort neue politische Akzente setzen konnte, ist nicht auszumachen. Obgleich die ihm von der jüdischen Überlieferung zugeschriebene Rolle bei der Repatriierung der von Nebukadnezzar deportierten Judäer und der Wiederaufrichtung des Tempels in Jerusalem wohl als (theologische) Rückspiegelung erst später genehmigter oder begonnener Maßnahmen auf den lange erwarteten Befreier zu verstehen sind, mag dem Kyros ein Interesse an syrisch-palästinischen Angelegenheiten eigen gewesen sein; Entscheidendes tat sich in diesen Gebieten allerdings erst unter seinen Nachfolgern.

Für wie wichtig Kyros die politisch-administrative Einbindung des neubabylonischen Reiches mit seinem riesigen Territorium und Bevölkerungszahlen, die ihresgleichen suchten, in das neue Imperium ansah, davon künden nicht nur die bereits erwähnten ideologischen Bemühungen des Perserkönigs, sondern auch seine konkreten Maßnahmen: die Bestätigung hoher Funktionäre Nabonids in ihren Ämtern etwa oder die Einrichtung des Vizekönigtums des Kronprinzen Kambyses (538/7), der als „König von Babylon" allerdings bereits nach einem Jahr, aus uns unbekannten Gründen, ausschied und Platz machte für den neuen Provinzgouverneur Gobryas. Der Umstand, daß unsere Zeugnisse, anders als für Lydien, nichts von Rebellionen in Babylonien wissen, spricht für den Erfolg der frühen persischen Politik in diesem Raum. Dieser Erfolg wird auch dadurch bestätigt, daß es Kyros in den 530er Jahren offensichtlich wagen konnte, große Teile Ostirans unter seine Kontrolle zu bringen, wobei allerdings sowohl die Strategie und der Verlauf seiner Feldzüge als auch die Art seiner Grenzsicherungspolitik im Nordosten und Osten aus Überlieferungsgründen unklar bleiben. Die griechischen Zeugnisse sprechen davon, daß Kyros im Kampf gegen die Steppenvölker gefallen, sein Leichnam in die Persis gebracht und in seiner neu errichteten Residenz Pasargadai beigesetzt worden sei. Die Reste dieser Anlage in einer künstlich bewässerten Gartenlandschaft künden noch heute von der Orientierung des königlichen Bauherren an künstlerischen Vorbildern des gesamten Nahen Ostens und von der Schaffenskraft der eigens für den Bau verpflichteten Kunsthandwerker, etwa der ionischen Steinmetze.

Auch wenn das traditionelle Kyrosbild, nicht zuletzt dank der Bemühungen des Königs selbst, bis heute zu positiv ausfällt und die dunklen Seiten seiner Person und Politik in den Hintergrund treten läßt, so besteht doch kein Zweifel, daß wir in Kyros eine Persönlichkeit mit außergewöhnlichen Fähigkeiten fassen können: In weniger als 30 Jahren schufen seine militärisch-strategischen Geniestreiche und seine Politik von Zuckerbrot und Peitsche ein Weltreich, das an Umfang und historischer Bedeutung seinesgleichen suchte. Es verwundert nicht, daß in Iran, aber nicht nur dort, schon bald unzählige Geschichten in Umlauf kamen, in denen, z.T. nach bekannten Mustern und Vorbildern gestaltet, das Lob dieses ungewöhnlichen Herrschers gesungen wurde.

Seit Kyros' Sieg über Nabonid besaßen die Perser eine gemeinsame Grenze mit den Ägyptern, der letzten verbliebenen Großmacht in Vorderasien. Ihr König Amasis, der aller seiner Verbündeten verlustig gegangen war, versuchte, der persischen Gefahr durch den Aufbau einer gewaltigen Seemacht, die Unterstützung des Tyrannen Polykrates von Samos, der den Persern seinerseits in der östlichen Ägäis gefährlich werden konnte, und die Besetzung der Insel Zypern als wichtiger Flottenbasis zu begegnen. Kambyses, Kyros' Sohn, beantwortete diese Maßnahmen mit der zeit- und kostenaufwendigen Schaffung einer schlagkräftigen, mit seeerfahrenen Reichsuntertanen bemannten und von Persern kommandierten, eigenen Flotte, dem Ausbau von Häfen, der Eroberung von Zypern und der Kontaktaufnahme mit arabischen Stämmen, deren Unterstützung für die Durchquerung des Sinai notwendig war. Der Sieg der

Perser bei Pelusion (525), die anschließende Einnahme von Memphis und die Gefangennahme des Königs Psammetich III. beendeten den ägyptischen Feldzug, der durch die freiwillige Unterwerfung der Nachbarvölker im Westen, die diplomatische Sicherung der Südgrenze und wohl auch die Kontrolle der großen Oasen im Westen zu einem vollen militärischen Erfolg wurde. Nach dem Muster der Babylonienpolitik seines Vaters suchte Kambyses, durch die Orientierung seiner Politik und Herrscherrepräsentation an ägyptischen Vorbildern, die Loyalität und Unterstützung der einheimischen Eliten zu gewinnen, mit einigem Erfolg, wie etwa die Inschrift des Funktionärs Udjahorresnet beweist; Kürzungen von Tempeleinkünften unter Kambyses, vor allem aber wohl die negativen Erfahrungen der Ägypter mit den Persern während der vergeblichen Aufstände von 486/5 und 460–454 verzerrten das Bild des Eroberers in Ägypten dann aber später in der Weise, wie sie bei Herodot faßbar wird: Der Perserkönig erscheint nun als brutaler, nahezu wahnsinniger Despot, der keine Gnade kennt und keinerlei Verständnis für ägyptisches Denken und Handeln zeigt.

Vermutlich waren die finanzielle und militärische Überforderung der Untertanen bei den Rüstungen gegen Ägypten, Spannungen zwischen dem Großkönig und der mächtigen persischen Stammesaristokratie sowie ein Thronstreit mit dem Bruder Bardiya die Gründe dafür, daß während des Aufenthaltes des Kambyses am Nil das Reich in eine schwere politische Krise gestürzt wurde, über die sowohl die Bisutun-Inschrift als auch Herodot berichten, über deren Verlauf aber bis heute gestritten wird: Vermutlich hatte ein von Kambyses in der Persis als politischer Funktionär zurückgelassener medischer Magier, Gaumata mit Namen, die Unzufriedenheit der Perser mit Kambyses und dessen Mord an Bardiya dazu genutzt, sich selbst als Königsbruder auszugeben, den Thron zu besteigen und durch eine Reihe populärer Maßnahmen (Steuer- und Heeresdienstmoratorium) die Unterstützung der Bevölkerung zu gewinnen; andere Gelehrte gehen allerdings davon aus, daß sich Bardiya selbst gegen seinen Bruder erhoben habe. Ob nun Dareios (I.), dem wir die Gaumata-Version verdanken und der schließlich, nach dem Tode des Kambyses auf dem Rückweg aus Ägypten, in einem Handstreichunternehmen mit nur wenigen Getreuen den Gaumata/Bardiya beseitigte, als Königsmörder (und Lügner) anzusehen ist oder nicht, ein Usurpator war er in jedem Falle, besaß er doch kein besonderes Recht auf den Thron. Es spricht viel dafür, daß auch er es war, der die in Bisutun und bei Herodot faßbare Konstruktion einer genealogischen Verknüpfung der Teispiden-Linie des Kyros mit der eigenen Achaimeniden-Linie in Auftrag gab, um seine Thronansprüche legitimatorisch zu untermauern. Als wie markant die politische Zäsur nach dem Tode des Kambyses im Reich empfunden wurde, davon legen die zahlreichen Aufstände beredtes Zeugnis ab, derer Dareios nur mit Mühe und äußerster Brutalität Herr werden konnte (522/21 v. Chr.). Dareios wären diese Erfolge nicht gelungen, hätte er nicht die Unterstützung von Teilen der persischen Aristokratie gewonnen, die mit Kambyses und/oder Gaumata/Bardiya unzufrieden waren; der Prozeß der Reichsgründung und territorialen Expansion sowie die dazu notwendigen militärischen, politischen und fiskalischen Anstrengungen hatten offensichtlich zu einem Dissens zwischen dem Großkönig, der persischen Bevölkerung und dem persischen Adel über die Richtung der politischen Entwicklung und die Rolle von Herrscher, Adel und Untertanen geführt. Daß es Dareios gelang, die Reichseinheit zu wahren, die Aristokratie an sein Haus zu binden und diesem das Recht auf den Thron zu sichern, spricht für sein politisch-diplomatisches Geschick, seine militärische Begabung und seine Skrupellosigkeit gleichermaßen. Das Monument von Bisutun ist beredter Ausdruck dieser ‚Fähigkeiten‘.

Die Regierungszeit Dareios' I. stellt in mehrerlei Hinsicht einen besonders wichtigen Abschnitt in der Geschichte des Achaimenidenreiches dar: Es ist die Phase der größten Ausdehnung des Imperiums, der entscheidenden fiskalisch-administrativen Reichsreformen und der Entwicklung einer spezifischen Herrscher- und Herrschaftsideologie zugleich. Umso bedauerlicher ist es, daß relativ rasch nach Dareios' Thronbesteigung der Abschnitt achaimenidischer Geschichte beginnt, der –

zumindest was die Ereignisgeschichte angeht – nur äußerst spärlich oder höchst einseitig dokumentiert ist (durch die griechische Historiographie und die Bücher des Alten Testaments, die sich allein auf die griechisch-persischen Beziehungen und die westlichen Provinzen des Reiches konzentrieren). Die Bisutun-Inschrift erwähnt noch die beiden Unternehmungen des Dareios gegen Elam und die Skythen Mittelasiens (im 2. und 3. Regierungsjahr des Königs), dann schweigen die diesbezüglichen persischen Quellen; aus Babylonien besitzen wir noch zwei Chroniken aus der Spätphase des Reiches (aus dem Jahre 345/44 und aus der Alexanderzeit) und knappe historische Informationen in den ‚Astronomischen Tagebüchern‘, die nicht immer leicht zu deuten sind. Nahezu alle anderen ereignisgeschichtlichen Hinweise liefert die fremde, nicht die einheimische Überlieferung, oft genug in deutlich perserfeindlicher Wirkabsicht.

Es war Dareios I., der das Reich im Norden, Westen und Osten erweiterte, sicherte und wirtschaftlich stärkte: im Westen einerseits durch die Eingliederung der Kyrenaika (513), des ressourcenreichen Thrakiens und der strategisch wichtigen Meerengen sowie der dem kleinasiatischen Festland vorgelagerten Ägäisinseln (vor allem von Samos: ca. 519) ins Imperium, andererseits durch die außenpolitische und tributäre Abhängigkeit Makedoniens (510 und nach 494) sowie einen Vertrag mit Athen (507/6). Im Osten gelang den Persern damals die Eroberung ‚indischer‘ Territorien. Im Norden sollen sie die Donau als Reichsgrenze angesehen haben, nachdem ihnen der erfolglose Zug gegen die europäischen Skythen (513) bewiesen hatte, daß man kaum mehr als die Abwehr ‚nomadischer‘ Einfälle an dieser natürlichen Grenze erreichen konnte. Einen herben Rückschlag erlebte die Konsolidierungs- und Vorfeldsicherungspolitik, als 498 die ionischen Städte unter Führung des durch ein gescheitertes Naxosunternehmen bei den Persern kompromittierten Tyrannen Aristagoras von Milet rebellierten, Karien und Teile Zyperns auf ihre Seite zu ziehen und, mit Unterstützung athenischer und eretrischer Kontingente, sogar Sardeis einzunehmen und in Brand zu setzen vermochten. Es bedurfte enormer persischer Anstrengungen und der Uneinigkeit der Ionier, um die Revolte niederzuschlagen. Die folgenden Jahre nutzten die Perser dazu, in den zurückgewonnenen Städten und Regionen politische Ordnungen unterschiedlichster Art zu etablieren, die für die Zukunft loyal zu sein versprachen, die städtischen Territorien neu zu vermessen, auf dieser Grundlage den Tribut neu zu bestimmen und Grenzstreitigkeiten zwischen den Poleis vorzubeugen sowie, nicht zuletzt, sich an Eretria und Athen für ihre Unterstützung (und im Falle Athens für den Vertragsbruch) zu rächen. Die persische Niederlage bei Marathon (490) am Schluß der Datis- und Artaphernes-Unternehmungen im Kykladenraum war das unrühmliche Ende einer ansonsten erfolgreichen Ägäisexpedition, sicher nicht der gescheiterte Auftakt eines persischen Versuches der Unterwerfung Griechenlands oder gar Europas. Entscheidender als der Rückschlag für die Perser waren, wie sich bald herausstellen sollte, die Auswirkungen des athenischen Sieges auf die Innenpolitik der Stadt (Ausschaltung der Tyrannen- und Perserfreunde) und die Entstehung einer athenischen politischen Identität.

In besonderer Weise war Dareios auch in Ägypten involviert, wo zu Beginn seiner Herrschaft der persische Satrap abgelöst worden war und wo die kurze Regierungszeit des Eroberers Kambyses keine wirkliche Stabilität hatte schaffen können. Unter den zahlreichen herrschaftssichernden Maßnahmen des Dareios im Lande am Nil ragen die Rücknahme der fiskalischen Anordnungen des Kambyses und die Bestätigung alter Vorrechte und Privilegien von Heiligtümern und Priesterschaften, die Vollendung des Necho-Kanals und die Aussendung von Schiffsexpeditionen von und nach Ägypten heraus; letztere dienten weniger wirtschaftlichen Interessen als der Nachahmung pharaonischer Großtaten und der Unterbeweisstellung der besonderen Qualität der persischen Herrschaft. Beide Seiten des Königs, die des gottgefälligen und erfolgreichen ägyptischen Pharaos und des Herrschers eines Weltreiches, scheinen in Abbildungen und Inschriften des Dareios aus Ägypten auf: den Reliefs aus dem Tempel in der Oase Charga etwa, Bildern und Inschriften der Suezkanalstelen, vor allem aber in den Texten der überlebensgroßen Statue des Königs, die in Susa gefunden wurde, ursprünglich aber in Heliopolis aufgestellt gewesen war.

Unter Dareios wurde auch mit dem Bau der beiden wichtigsten achaimenidischen Residenzen begonnen – zunächst Susa, dann Persepolis. Die elamischen Täfelchen aus Persepolis und die „Burgbauinschrift" aus Susa (DSf) legen beredtes Zeugnis davon ab, daß diese Projekte von reichsweiter Bedeutung waren, insofern, als der König Arbeitskräfte, Materialien und künstlerische Vorlagen aus nahezu allen Reichsteilen zu mobilisieren und herbeizuschaffen in der Lage war, um seiner spezifischen Idee achaimenidischen Königtums und achaimenidischer Herrschaft architektonischen, bildlichen und textlichen Ausdruck zu verleihen. Auch die Grablege des Königs in Naqš-i Rustam (Abb. 4) in der neuen Form eines kreuzförmigen Felsgrabes steht mit seinen Inschriften (DNa, DNb) und Reliefs in dieser Tradition.

Dareios' Sohn und Nachfolger Xerxes (486–465) sah sich nach seiner Thronbesteigung vor die schwierige Aufgabe gestellt, die Perserherrschaft nach ihrer Begründung durch den charismatischen Kyros und ihrer Ausweitung, Reformierung und Legitimierung durch den Vater zu sichern und zu bewahren. Daß er dabei im Ergebnis viel erfolgreicher war als uns die griechischen Zeugnisse glauben machen wollen, in denen er als intoleranter, einfallsloser und militärisch-politisch auf der ganzen Linie gescheiterter Despot erscheint, ist in den letzten Jahren deutlich herausgestellt worden. Dabei ist Xerxes nicht nur von der Anklage freigesprochen worden, babylonische Heiligtümer zerstört und die Mardukstatue weggeführt zu haben, sondern auch von dem Vorwurf, mit der herrschaftsideologischen Nachahmung seines Vaters „geistige Unselbständigkeit" und mit seinem Verhalten auf dem Kriegsschauplatz in Griechenland Feigheit, Grausamkeit und strategisches Unvermögen unter Beweis gestellt zu haben. Keine Rede kann auch davon sein, daß mit Xerxes ein unumkehrbarer Prozeß des Niedergangs der Persermacht und des moralisch-ethischen Sit-

Abb. 4: Naqš-i Rustam (Zeichnung der Gesamtanlage)
(nach L. Trümpelmann, *Zwischen Persepolis und Firuzabad*, Mainz 1992,
Abb. 68 mit der Legende des Autors)
I–IV achaimenidische Felsgräber: III Grab Dareios' I., I vermutlich
Grab Dareios' II., II vermutlich Grab Artaxerxes' I., IV vermutlich
Grab Xerxes' I.; V Ka'ba-i Zardušt; VI sasanidische Umfassungsmauer;
1-8 sasanidische Felsreliefs: 1 Investiturrelief Ardaxširs I., 2 Vahram II.
mit Gefolge, 3 Reiterkampfrelief Hormizds I., Vahrams II. oder aus
der 1. Hälfte des 5. Jh., 4 Verwitterung (thronender Šabuhr II.?),
5 Reiterkampfrelief Hormizds II., 6 Triumphrelief Šabuhrs I.
(mit Büste Kirdirs), 7 Doppelreiterkampfrelief Vahrams II.
oder Vahrams IV., 8 Investiturrelief Narsehs

tenverfalls einsetzte, wie vor allem die griechischen Autoren
des 4. Jh. suggerieren; auf kulturellem Gebiet etwa könnte man
Xerxes' Regierungszeit geradezu als Höhepunkt einer Entwicklung kennzeichnen. Als gelehriger Schüler seines Vaters war
Xerxes durchaus in der Lage, Rebellionen zu verhindern und,
wo nicht möglich (Ägypten, Babylonien), zu unterdrücken
sowie die zuletzt eroberten Territorien zu konsolidieren, in den
Reichsverband einzugliedern (Teilung der Provinzen Babyloni-
en und Lydien) und militärisch zu sichern.

Vollständig gescheitert ist Xerxes dagegen mit seinem Versuch, die Griechen des Mutterlandes zur Anerkennung der
persischen Souveränität zu zwingen und so die Ägäis zu einem

persischen Binnenmeer zu machen, in dem der Wille des Großkönigs gelten sollte. Obwohl bedeutende griechische Landschaften und Poleis (Stadtstaaten) sich, aus welchen Gründen
auch immer, auf die persische Seite schlugen (Theben, Thessali-
en), andere je nach militärischer Lage taktierten (Delphi) oder
sich neutral verhielten (Argos), wieder andere die Abhängigkeit vom griechischen Nachbarn nur zu gern gegen eine persische Herrschaft eingetauscht hätten (Messenien), gelangen den
Mitgliedern des antipersischen „Hellenenbundes" nach an-
fänglichen Mißerfolgen glänzende Siege gegen persische Flotte
und persisches Reichsheer (Salamis 480, Plataiai 479). Auch
wenn Athener und Spartaner, Plataier und Korinther, Eretrier
und Aigineten weder für Europa gegen Asien, noch für Demo-
kratie und Menschlichkeit gegen Barbarei und Despotismus,
sondern schlicht für ihre außenpolitische Unabhängigkeit
kämpften, so waren die Auswirkungen ihres Erfolges doch erheblich: Persien sah sich – bis zur Mitte der 460er Jahre
(Schlacht am Eurymedon) – auf Kleinasien (ohne die West-
küste) und das östliche Mittelmeer zurückverwiesen, Athen
stieg zur Hegemonialmacht in Griechenland auf und wurde
Rivalin Spartas, und die Perserkriege stifteten griechische
Identität(en) und begründeten das noch uns geläufige Barba-
renbild.

Im August 465 fielen Xerxes und sein Kronprinz Dareios einem Mordanschlag zum Opfer, dessen genaue Hintergründe
nicht geklärt sind. Nutznießer war auf jeden Fall der Xerxes-
sohn Artaxerxes I. (465–424/23), der sich öffentlich als Rächer
von Vater und Bruder gerierte; die Ersetzung und Auslagerung
der sog. „Schatzhausreliefs" in Persepolis mag in diesen historischen Zusammenhang gehören. Außenpolitisch war der neue
Herrscher überaus erfolgreich: Nicht nur wurden der von
Athen unterstützte Inaros-Aufstand in Ägypten (460–454)
nieder- und die athenischen Angriffe auf Zypern zurückge-
schlagen, sondern es wurden auch die Levanteküste und Palästina militärisch gesichert. In diese Phase persischer Konsoli-
dierungspolitik gehören wohl auch die Missionen Esras und
Nehemias, die für die Konstituierung der jüdischen Gemein-

schaft und ihres Zentrums Jerusalem so bedeutsam werden sollten.

Der den *status quo* an Persiens Nordwestgrenze festschreibende Kalliasfriede (449), dessen Existenz allerdings nicht unumstritten ist, verschaffte dem Großkönig zusätzliche Handlungsfreiheit; im übrigen konnte er darauf hoffen, daß die untereinander zerstrittenen Griechen ihm schon bald Gelegenheit geben würden, verlorenes Terrain wiederzugewinnen. In griechischen Angelegenheiten profitierte Artaxerxes vorübergehend auch vom Sachverstand des Themistokles, der an seinen Hof geflüchtet war und den er für seine Expertisen mit Einkünften im Grenzgebiet großzügig entlohnte. Im übrigen gewänne man ein völlig falsches Bild von den Beziehungen zwischen Griechen und Persern, schätzte man die Barbarentopoi der griechischen Überlieferung als Kennzeichen des Alltags dieser Beziehung ein: Nicht nur waren die Grenzen zwischen Seebund und persischen Territorien in Westkleinasien viel durchlässiger als oft angenommen und der Dienst beim Großkönig für manchen Griechen eine echte Alternative, in Athen selbst war die Perikleszeit nicht zuletzt auch durch eine regelrechte ‚Persermode‘, d.h. die Nachahmung persischen Lebensstils, geprägt; manche Gelehrte gehen sogar so weit, auch Vorbilder für das Akropolisbauprogramm in Persien zu vermuten. An persischen Katastern und persischen Abgabenveranschlagungen orientierten sich vermutlich die Väter des Attischen Seebundes.

Als Artaxerxes (zusammen mit seiner Gemahlin) im Winter 424/23 starb und sein Sohn und Thronfolger Xerxes (II.) bald darauf ermordet wurde, setzte sich mit Ochos ein weiterer Sohn des Artaxerxes gegen den Mörder und Halbbruder Sogdianos durch und bestieg, u.a. mit Hilfe seiner Halbschwester und Gemahlin Parysatis, des durch seine auf Papyrus erhaltenen Briefe bekannten Satrapen von Ägypten, Arsames, und des Höflings Artoxares, als Dareios II. den Thron. Ochos und seine Parteigänger, die gleich ihm in babylonischen Wirtschaftsdokumenten erscheinen und politischen, wirtschaftlichen und z.T. wohl auch familiären Rückhalt in Babylonien besaßen, hatten dabei zum Zwecke der Finanzierung und militärischen Absicherung ihrer Unternehmung den fiskalischen und Dienstpflichtdruck auf ihre ‚Lehnsleute' (s. S. 63) kurzfristig und ohne Rücksicht auf deren finanzielle Möglichkeiten erhöht; jene hatten sich dadurch in vielen Fällen gezwungen gesehen, wie die Murašû-Texte dokumentieren, ihr Land zu verpachten oder hypothekarisch zu belasten. Es mögen der erfolgreich bestandene Kampf um den Thron und der Rückhalt Dareios' II. in Babylonien gewesen sein, die in der Folge dem Land und seiner Metropole besonderes Prestige, den Angehörigen der provinzialen Funktionselite besondere politische und soziale Aufstiegsmöglichkeiten bescherten. Der bekannteste, in seiner Bedeutung zugleich bislang aber auch einzigartige Fall einer solchen Karriere ist der des Belšunu (Xenophons Belesys), der um diese Zeit vom Angehörigen eines florierenden Wirtschaftsunternehmens in Babylon 421 v. Chr zum „Gouverneur von Babylon" und spätestens 407 sogar zum Satrapen der Transeuphratene mit umfangreichen Ländereien und einem Palast in Syrien aufstieg.

Unter den wenigen Informationen, die wir ansonsten über Dareios II. besitzen, ragen die über des Königs und seiner beiden Nachfolger Kämpfe mit den Kadusiern in Nordmedien und über Dareios' Ionien- und Griechenlandpolitik während des Peloponnesischen Krieges heraus. Nachdem sich Athen durch Hilfe für den aufständischen karischen Dynasten Amorges die Perser zu Feinden gemacht hatte, beauftragte der Großkönig die Satrapen Tissaphernes von Lydien und Pharnabazos vom hellespontischen Phrygien, wieder Tribut von den ionischen Städten zu fordern. 412/11 vermittelte eben jener Tissaphernes auch Verträge mit Sparta, durch die Lakedaimon gegen Anerkennung der persischen Oberhoheit über die gesamte kleinasiatische Küstenregion Stützpunkte und Geld zum Unterhalt einer starken Flotte erhielt und Athen nun auch zur See ebenbürtig werden konnte. Diese persische Hilfe für Sparta steigerte sich sogar noch, als wegen der Rivalitäten zwischen Tissaphernes und Pharnabazos der jüngere Königssohn Kyros (d. J.) mit Sondervollmachten in Kleinasien erschien und die enge Zusammenarbeit mit dem neuen spartanischen Nauarchen Lysander suchte.

Zwar ging 405/04 der eigentliche Thronwechsel von Dareios II. auf seinen ältesten Sohn Arses (Thronname: Artaxerxes II.) ohne Probleme über die Bühne, doch sah sich der neue König schon bald Gefahren an zwei Fronten gegenüber: Ägypten war zwischen 401 und 399 verlorengegangen, und in eben jener Zeit unternahm sein Bruder Kyros den Versuch, sich mit Unterstützung Spartas und griechischer Söldner an seine Stelle zu setzen. Allerdings scheiterte diese Unternehmung, über die Xenophon in seiner *Anabasis* ausführlich berichtet, 401 bei Kunaxa in Babylonien daran, daß die wichtigsten persischen Aristokraten in Treue zu ihrem König standen und Kyros selbst auf dem Schlachtfeld blieb. Ähnlich erfolgreich wie im Thronstreit war Artaxerxes II. bei der Sicherung Syriens und Palästinas und bei der Abwehr spartanischer Interventionen in Kleinasien. Das zuweilen unter dem Eindruck der voreingenommenen griechischen Zeugnisse gezeichnete Bild vom schwachen Achaimenidenreich jener Zeit vermag nicht zu überzeugen: Nicht nur wurde der von Ailian und Plutarch als volksverbunden und mutig gekennzeichnete Großkönig Mittler und Garant der griechischen Friedensordnung von 387/86 („Königsfriede"), die seine Herrschaftsrechte über die Städte Asiens, über Klazomenai und Zypern bestätigte, es gelang ihm auch, die Pläne des salaminischen Königs Euagoras für eine Herrschaft über ganz Zypern zu vereiteln und den, sich allerdings z.T. widerstreitenden, Bestrebungen der mit einiger Hausmacht ausgestatteten Satrapen in Kleinasien in den 360er Jahren ein Ende zu setzen. Die vom Großkönig zu diesem Zwecke eingesetzten militärischen (Söldner) und diplomatischen (Verhandlungen, Verträge, Subsidien) Mittel sind dabei eher Hinweis auf die Vielfalt politischer Handlungsstrategien und die unerschöpflichen Ressourcen des Reiches als auf die militärische Schwäche des Imperiums. Auf diesen König mit der längsten Regierungszeit (405–359) gehen im übrigen auch Änderungen in der Inschriftenkonzeption zurück (Mithra und Anahita treten als herrschaftsverleihende Gottheiten nun namentlich dem

Auramazda zur Seite: A²Sa u.a.), sowie, wenn wir Berossos glauben dürfen, die Einrichtung eines Statuenkultes für Anahita (in den Heiligtümern der persischen Gemeinschaften?) in den wichtigsten Zentren des Reiches. Als Bauherr ist Artaxerxes II. in Ekbatana, Susa und Babylon nachgewiesen.

Ein erneuter Streit um die Nachfolge brachte 359 dem Kronprinzen Dareios und zweien seiner Brüder den Tod, einem anderen Artaxerxessohn, Ochos, den Thron. Unter diesem Herrscher mit dem Namen Artaxerxes (III.), der nicht unschuldig am Schicksal seiner Brüder gewesen sein soll, erlebte das Perserreich einen neuen Höhepunkt seiner Machtentfaltung: Nach der Niederschlagung des Tennes-Aufstandes in Phönikien, der von Ägypten unterstützt worden war, gelang 343 die Rückeroberung des Landes am Nil, die Artaxerxes III., wie bereits dem Eroberer Kambyses, einen überaus schlechten Leumund in der späteren ägyptischen Tradition eintrug; zeitgenössische Zeugnisse und die anschließende Ruheperiode in Ägypten lassen allerdings erkennen, daß zumindest ein Teil der einheimischen Eliten wieder zur Zusammenarbeit mit den Persern bereit war.

338 starben Artaxerxes III. und die meisten seiner Familienangehörigen in einem Blutbad, für das der Eunuch Bagoas verantwortlich gezeichnet haben soll; auch der einzig überlebende Sohn Arses, von Bagoas als Artaxerxes (IV.) auf den Thron gehoben, konnte sich nur zwei Jahre lang der Gunst seines Gönners erfreuen. Nach seiner Ermordung unterstützte Bagoas die Thronansprüche des wegen seiner ungewöhnlichen Tapferkeit geschätzten Artašata, eines Neffen Artaxerxes' II., der aber – als Dareios III. – in einer seiner ersten Amtshandlungen den intriganten Eunuchen aus dem Wege räumen ließ.

Das Bild des letzten Achaimenidenkönigs ist bis heute vor allem dadurch bestimmt, daß ihn viele als feigen und unfähigen Gegenspieler des großen Alexander ansehen. Dabei wird nicht nur die Voreingenommenheit mancher der allein auf uns gekommenen griechischen Zeugnisse übersehen, sondern auch kein ernsthafter Versuch unternommen, die Motive der beiden Handelnden zu ergründen. Ein solches Bemühen kann etwa erweisen, daß Dareios sehr wohl eine überlegte und nachvollziehbare militärische Abwehrstrategie verfolgte (Abwehrversuch der Westsatrapen, Aufbieten des Reichsaufgebotes, Anstiftung von Aufständen in Alexanders Rücken). Und seine Flucht von den Schlachtfeldern in Issos und Gaugamela? Die Bewährung im Kampf war zwar ein wichtiger Aspekt achaimenidischer Königsideologie, doch spricht viel dafür, daß der Tod oder gar die Gefangennahme des Königs, des von den Göttern eingesetzten Garanten der weltlichen Ordnung, von den Untertanen eher als Trauma empfunden denn als Auszeichnung angesehen worden wäre. Dareios III. verließ das Schlachtfeld, weil nur er die gestörte Ordnung wiederherstellen, nur er den weiteren Widerstand organisieren konnte.

Alexanders Sieg verdankte sich in erster Linie seinen herausragenden strategischen Fähigkeiten und der Überlegenheit seiner Truppen auf den Feldern Ausbildung, Taktik und Militärtechnik (vor allem auch auf dem Gebiete der Belagerungskunst). Alexanders Siege am Granikos und bei Issos, die ungefähr zeitgleichen Triumphe des Antigonos in Kleinasien und des Königs selbst vor Tyros und Gaza waren für den Makedonen existentiell wichtig und überlebensnotwendig. Bevor er das Perserreich sein eigen nennen konnte, hatte er fast elf Jahre ununterbrochenen Kampfes zu überstehen; erst aus der Rückschau erscheint sein Sieg leicht, hat die Perserherrschaft ihr längst überfälliges Ende gefunden. In Wirklichkeit hatte es keinen stetigen Niedergang, auch keine existentiellen Herrschaftsstreitigkeiten gegeben, allein Spannungen im Herrschaftsgefüge, die sich unter bestimmten Umständen (dynastischen Krisen, Erhebungen regionaler Funktionsträger, außenpolitischen Rückschlägen) zu regionalen Instabilitäten bzw. temporären Schwächeperioden königlicher Macht hatten auswachsen können. Keine dieser Krisen war je – vor Alexander – für das Achaimenidenreich existenzbedrohend gewesen, und die meisten Untertanen hatten sich, von den Ägyptern vielleicht einmal abgesehen, inzwischen in diesem Großreich eingerichtet, das ihnen Schutz nach außen und innen sowie wirtschaftliches Auskommen garantierte.

Sieht man von einigen Griechenstädten des Westens einmal ab, hat sich Alexander nicht als Befreier vom Perserjoch verstanden oder geriert. Lyder, Ägypter und Babylonier empfingen ihn als neuen Herrscher nach traditioneller, auch von den Achaimeniden respektierter Manier. Gleichzeitig mit der Rehabilitierung des Dareios hat man zudem erkannt, in welchem Maße sich Alexander bereits vor dem Tode seines Gegenspielers, als dessen Rächer und Erbe er dann aufzutreten pflegte, achaimenidisch gegeben hatte, nicht seinen Makedonen oder den Griechen, aber den Untertanen und Funktionären des Großkönigs und Dareios selbst gegenüber. Bestens vertraut mit den Voraussetzungen persischen Königtums hatte er, begünstigt durch seine Erfolge, versucht, seinen Gegenspieler an großköniglichen Tugenden zu übertreffen, den Glanz des Reichsgründers Kyros auf sich scheinen zu lassen und die hohen persischen Würdenträger auf seine Seite zu ziehen. All denen, die schließlich zu ihm überliefen, konnte er ihren bisherigen Vorrechten vergleichbare Pfründe und Positionen offerieren, durch seine Erfolge verschaffte er sich und seiner Politik das nötige Charisma. Wo sein Bemühen nicht verfing (Ostiran), wo ihm das Verständnis für die besondere Eigenart achaimenidischer Politik fehlte (etwa gegenüber den Bergvölkern) oder wo nüchternes Überlegen irrationalem Handeln wich, brach er allen Widerstand mit kaum gekannter Brutalität; wo seine Politik der Verständigung und Zusammenarbeit dagegen anerkannt wurde, zeigte er sich großzügig. Beide Seiten des Eroberers von Iran haben übrigens ihre Spuren in der iranischen Überlieferung hinterlassen.

Der Großkönig und seine Untertanen: Gesellschaft, Wirtschaft, Heerwesen, Religion und Kultur im achaimenidischen Iran

Im Zusammenhang mit der Frage nach den Ursachen des Zusammenbruchs der Perserherrschaft haben Gelehrte und eine breitere Öffentlichkeit vor allem drei – idealtypische – Erklärungsmuster bemüht: Das erste sieht die Ursache für das Ende persischer Herrschaft in wie auch immer gearteten und wann, wie und warum auch immer aufgetretenen moralisch-charakterlichen oder auch physischen Defiziten der Perser; das zweite geht von Schwierigkeiten aus, die der Herrschaft von Anfang an oder ab einem bestimmten Zeitpunkt inhärent gewesen seien und sich als unüberwindlich erwiesen hätten; das dritte schließlich, eher neueren Datums, betont demgegenüber die erstaunliche Vitalität des Reiches noch kurz vor seinem Untergang und spricht demzufolge von einem eher überraschenden Ende der Perserherrschaft. Man könnte diese drei Typen der Deutung demnach vielleicht am ehesten als ‚Dekadenz-‘ oder ‚Niedergangs-‘, als ‚Krisen-‘ und als ‚Katastrophenmodell‘ bezeichnen. Daß gerade die Frage nach dem Grund für den Erfolg Alexanders so viele Menschen beschäftigte, hat sicher auch damit zu tun, daß man mit dem Zusammenbruch der Achaimenidenherrschaft auch die endgültige Verlagerung des Schwerpunktes der Zivilisationsgeschichte von den Regionen des fruchtbaren Halbmonds und des iranischen Hochlandes in den Mittelmeerraum verband, der nun im Gegenzug den kulturell stagnierenden Orient zivilisatorisch durchdrungen habe. Die Geschichte des Alten Orients wird aber weder als Vorspann zur griechisch-römischen Geschichte adäquat erfaßt noch geht sie mit dem Sieg Alexanders zu Ende oder in der Geschichte des Alexanderreiches und seiner Nachfolgereiche auf. Eben dies macht ja auch den Reiz der Beschäftigung mit dem Phänomen aus, das wir als ‚Hellenismus‘ zu bezeichnen pflegen, den vielfältigen Kontakten zwischen griechisch-makedonischer und den indigenen Kulturen.

Doch kehren wir zurück zu unseren drei Modellen: Das ‚Niedergangsmodell‘ hat seine Wurzeln in der antiken Überlieferung und damit auch im griechischen Selbstverständnis und der Wahrnehmung des Fremden in klassischer Zeit. Platon etwa vergleicht die persische Staatsordnung mit der Spartas und Kretas und kritisiert an ihr die über Gebühr gesteigerte Herrschergewalt: So sei aus einer von dem verständigen Regenten Kyros begründeten Monarchie schon unter dem Sohn Kambyses eine drückende Despotie geworden, eine Folge, die sich übrigens unter Dareios und seinem Nachfolger Xerxes wiederholt habe. Die Ursache dieser unheilvollen Entwicklung vermuten die Dialogpartner in der Erziehung der Königssöhne durch die Frauen (und Eunuchen) des Königshauses, eine Erziehung, die aus ihnen verweichlichte, zucht- und zügellose Menschen habe machen müssen.

Man findet ein ähnliches Bild vom negativen Einfluß der Frauen des Königshauses und des Lebens bei Hofe insgesamt schon zu Beginn des 4. Jh. v. Chr. bei Ktesias, dem griechischen Leibarzt des persischen Großkönigs Artaxerxes II.; allerdings wird dort der eigentliche Grund für die Instabilität persischer Herrschaft nicht in der Erziehung der Königssöhne, sondern in den politischen Intrigen der Frauen und Eunuchen gesucht. Die in der griechischen Literatur jener Zeit nachzuweisende Vorstellung von der Degeneration persischer Charaktereigenschaften und dem daraus resultierenden Niedergang persischer Macht spätestens ab der Regierungszeit des Xerxes wird besonders deutlich bei dem Historiker Xenophon und dem Redner Isokrates. Während ersterer – im letzten Kapitel des 8. Buches seiner *Kyroupaideia* (*„Erziehung des Kyros"*) – vor allem in der Änderung der Erziehungs*inhalte* sowie in der Unzuverlässigkeit, Gottlosigkeit, Ungerechtigkeit und „Verweichlichung" (griech. *thrypsis*) der Könige entscheidende Ursachen für diese Entwicklung zu erkennen glaubt, hebt letzterer vor allem auf die militärische Schwäche des Perserreiches im 4. Jh. ab, die er gleichfalls in der Verweichlichung und in der sklavischen Gesinnung der Perser begründet sieht. Obgleich sich bereits im 5. Jh. Ansätze für solche Bewertungen erkennen lassen – etwa in der Vorstellung von Xerxes als Despot oder Tyrann sowie in den soziomedizinischen Theorien vom Zusammenhang zwischen Klima, Fruchtbarkeit des Landes und Menschenschlag – bündelt sich bei Isokrates doch vieles zu geradezu topischer Barbarenverachtung; der ursprüngliche Barbarenbegriff der Griechen, der (nach einem bei vielen Völkern verbreiteten Muster) die eigene Kultur gegen die gesamte Außenwelt abgrenzen sollte, hatte sich bereits ab der Mitte des 5. Jh.

einerseits auf die Perser verengt, andererseits aber auch deutlich pejorative Züge erhalten. Das dabei entstandene, vor allem attische, Feindschema der Barbarenkarikatur benutzte Isokrates, vergröberte und vereinfachte es jedoch noch. Der von ihm in Aussicht genommene Krieg sollte sich gegen „Feinde der Natur nach" (griech. *physei polemioi*) richten und so seine moralische Rechtfertigung finden. Die Barbaren verdienten wegen ihrer inferioren Art nichts anderes, als griechische Untertanen zu werden, *Perioiken*, wie Isokrates mit spitzer Tendenz gegen Sparta sagt. Und hatte noch Herodot die Ursache des epochalen Gegensatzes zwischen Barbaren- und Hellenenwelt letztlich in der Überschneidung ihrer geographischen Lebensräume gefunden und folgerichtig deren Entflechtung, auch unter Preisgabe Kleinasiens, befürwortet, so rief Isokrates im Gegenteil zur Eroberung asiatischen Barbarenlandes auf.

Was sind die Gründe für solche griechischen Bilder ‚persischer Dekadenz'? Zum einen sicherlich das mangelnde Verständnis für fremde Sitten und Gebräuche, wie die Beispiele des persischen Geschenkegebens und -empfangens, der Rolle der opulenten Gastmäler oder der Thesaurierung von Schätzen zeigen werden; zum anderen aber auch die Wirkabsicht der antiken Texte, die Vorurteile und Klischees in Griechenland bedienen (Ktesias, Isokrates), politischen Theorien ihrer Verfasser Nachdruck verleihen (Platon, Xenophon) oder gar zum militärischen Handeln auffordern sollten (Isokrates). Daß die soeben vorgestellten Zeugnisse nicht nur in der Antike, sondern noch bis in unsere Zeit traditionsbestimmend waren, hatte – zumindest in Deutschland – auch mit dem Umstand zu tun, daß im 19. Jh. mit der neuhumanistischen Wiederentdeckung und Idealisierung des Griechentums und dem Versuch, dessen Leistungen und Vorzüge mit dem Wesen der Hellenen in Zusammenhang zu bringen, der erste Schritt getan worden war zu einem Messen der eigenen Zeit an der der Griechen; es entwikkelten sich Vorstellungen, daß die Deutschen aufgrund ihrer Geistes- und Wesensverwandtschaft mit den Griechen der Antike jenen besonders nahestünden. Romantische Volksgeistlehre und deutsches Nationalbewußtsein fanden hier ihren Ansatzpunkt.

Es war die bereits seit der Antike vorgegebene, nun aber noch weiter zugespitzte Vorstellung vom unüberbrückbaren Gegensatz zwischen der Freiheitsliebe der so verehrten Griechen und dem persischen Despotismus, die die Einschätzung der alten Iraner in Deutschland im folgenden entscheidend bestimmte. Daneben (oder an seiner Stelle) betonte man aber auch die Unterschiede zwischen den mit der freien Entfaltung der Einzelpersönlichkeit begründeten kulturellen Leistungen der Griechen und der angeblich durch eine theokratisch-autoritäre ,Priesterherrschaft' behinderten Entfaltung der Geisteskräfte auf Seiten ihrer östlichen Nachbarn. An dieser Antinomie änderte sich im Grundsatz auch nichts, als man die Verwandtschaft zwischen den iranischen (arischen) und den germanischen Sprachen erkannt hatte und es bald darauf – im Rahmen der Volksgeistlehren – auch zur Annahme eines kulturell besonders hochstehenden indogermanischen Urvolks und einer vor allem auch charakterlich-wesensbestimmten Nähe der indogermanischen Völker zueinander kam. Die daraus resultierende insgesamt positivere Bewertung der Perser des Altertums hob diese nun zwar aus der Gemeinschaft der übrigen Völker des Orients heraus, änderte aber nichts an der weiterhin deutlichen Stellungnahme für den griechischen (d.h. zumeist athenischen) Weg der Entwicklung von Kunst, Kultur und Staat. Unterbrochen wurde diese Traditionskette für 12 Jahre durch die nationalsozialistische Überzeugung, noch tiefere Ursachen für die negative Entwicklung des Perserreiches eruieren zu können. Man fand sie in den menschenverachtenden Lehren von angeblich rassisch-biologistisch bestimmten negativen Einflüssen des ,semitischen' Orients auf die ,arischen' Perser. Nach dem Kriege wurde – übrigens nicht nur in Deutschland – für einige Jahrzehnte wieder das Bild vom unüberbrückbaren Gegensatz zwischen persischem Despotismus und griechischer Freiheit, vom moralischen Niedergang des Perserreiches bemüht.

Zunehmend glaubte man in den letzten Jahrzehnten aber

auch andere als ethisch-moralische Ursachen für den Untergang der Achaimenidenherrschaft ausmachen zu können: Man sprach nun von einer entscheidenden politisch-militärischen, einer wirtschaftlichen und sozialen Krise, in die das Perserreich unter Xerxes und seinen Nachfolgern geraten sei, einer Krise, die die Könige nicht hätten bewältigen können. Einige Krisenursachen und Krisenphänomene wurden dabei immer wieder genannt: die Unfähigkeit der Herrscher, das Reich zu einem organischen Ganzen zu gestalten und separatistischen Tendenzen von Reichsteilen vorzubeugen, die Spannungen innerhalb des Königshauses und zwischen Königen und sich von der Zentrale emanzipierenden Provinzgouverneuren, die zunehmende Abhängigkeit von auswärtigen Söldnertruppen bei gleichzeitigem Verlust der Kampfkraft der einheimischen Verbände, schließlich auch die wirtschaftliche Stagnation infolge massiver Thesaurierung von Edelmetallressourcen, einer Erschöpfung des Bodens sowie übergroßen Steuerdrucks und eine daraus resultierende Verschärfung der sozialen Gegensätze.

Die Beziehungen zwischen König und Untertanen adäquat zu erfassen und zu beschreiben setzt voraus, daß man sich von zwei Vorstellungen freimacht, die den Verhältnissen im Achaimenidenreich nicht angemessen sind: Die eine versucht das Reich als einen modernen, zentral gelenkten, Nationalstaat aufzufassen, der bis in den Alltag hinein die Angelegenheiten der Reichsbewohner zu überwachen und zu reglementieren versucht; lokale Autonomie, politische, sprachlich-kulturelle und religiöse Heterogenität des Reiches, das Fehlen einer „gesamtimperialen Wertegemeinschaft auf der Ebene der Volkskulturen" (Osterhammel) erscheinen hier als Zeichen zunehmender Unfähigkeit der Zentralinstanz, das Reich zu einem organischen Ganzen zu gestalten oder als Ganzes zu erhalten. Manch klassisches literarisches Zeugnis über die von den Großkönigen angewandten Kontrollmechanismen (Garnisonen, Festungen, aber etwa auch das angebliche Spitzelsystem der „Augen und Ohren des Königs") bzw. über die nicht unerhebliche Macht der Satrapen dient dabei als Argument für eine solch ‚zentralistische' Sicht der Reichsorganisation und für die

Vorstellung vom ‚schwachen Staat‘; in Wirklichkeit sind diese Mechanismen (neben der Herrscherideologie) die üblichen Formen der Sicherung des Zusammenhalts von Imperien. Andere Gelehrte gehen gerade von der eben beschriebenen und etwa in den Königsinschriften und Reliefs besonders hervorgehobenen Heterogenität der Verhältnisse, dem erstaunlichen Ausmaß lokaler Autonomie und der strukturellen Toleranz aus, halten dies alles sogar zu Recht für den gewollten Regelfall, glauben aber gleichfalls, daraus einen Mangel an zentraler Autorität ableiten zu müssen; das ‚schwache Reich‘ liegt hier in der zwar gut gemeinten, jedoch die Reichseinheit gefährdenden Herrschaftskonzeption selbst begründet. Der gerade im archäologischen Befund außerhalb der Persis nur sehr begrenzt bemerkbare achaimenidische Einfluß auf die materielle Kultur der Provinzen spielt bei dieser These eine nicht unerhebliche Rolle.

In diesem Buch wird – gegen die Vertreter des ‚Niedergangs-‘ und des ‚Krisenmodells‘ – die These vertreten, daß das Achaimenidenreich trotz, oder vielleicht gerade wegen seiner Heterogenität ein *starkes* Reich war: Die Vielfalt der Traditionen und der Beziehungen zwischen Herrschern und Untertanen ließen die Perserkönige nämlich, in der Nachfolge ihrer vorderasiatischen Vorläufer und aus deren Fehlern lernend, zu bewährten Mitteln der Politik greifen oder neue Mittel der Politik suchen, die tatsächlich den Bestand dieses Weltreiches für mehr als 200 Jahre zur Zufriedenheit einer Mehrheit seiner Bewohner sichern halfen (und noch Alexander und seine Nachfolger prägten). Lassen Sie uns bei der Bestimmung dieser Mittel mit einem Blick auf das persische Königtum beginnen.

Großkönig, Aristokraten und bäuerliche Untertanen

War die Herrschaft der Mederkönige wohl noch eher durch Stammesbundstrukturen mit unterentwickelten bzw. verzögerten Zentralisierungstendenzen gekennzeichnet gewesen, so stellte sich das Königtum der Achaimeniden (unter vorderasiatischem Einfluß) schon früh als ein – zumindest ideologisch –

‚absolutes‘ dar. Jeder Herrscher aus dieser Dynastie stellte sich seinen Untertanen in seinen Inschriften als *xšāyaθiya* („König") vor, wörtlich: als jemand, „den eine Königsherrschaft auszeichnet"; er charakterisierte seine Stellung damit durch ein Wort, das man der medischen Sprache entlehnt glaubt. Diese Selbstbezeichnung steigerte er zumeist noch durch das Beiwort *vazarka* „groß", ebenfalls medischen Ursprungs, damit mesopotamischem Vorbild folgend. Drittens schließlich setzte er sich in Relation zu den Königen der Vorgängerreiche von Babylon, Assur, Urartu und Medien, deren Herrschaft er der eigenen unterordnete (*xšāyaθiya xšāyaθiyānām*). Der Titel „König der Könige", ursprünglich wohl ebenfalls mesopotamischen Ursprungs, von den Persern jedoch aus Urartu entlehnt, wurde dabei im Lauf der Geschichte zum Titel iranischer Herrscher par excellence. Das Königsprotokoll der altpersischen Inschriften, z.T. noch durch Formeln erweitert, die die Zugehörigkeit vieler ‚Völker‘ zum Reich betonen, enthält aber noch eine andere Botschaft: Das Königtum ist in Persien, genauer, der Persis, verwurzelt und an die Abkunft aus einer ‚Familie‘, der des Achaimenes, gebunden. Nicht nur ist der König selbst „Perser, eines Persers Sohn, Arier [Iraner], von arischer Abstammung" sowie „König in Pārsa", sondern er fühlt sich auch in besonderer Weise für das Wohlergehen von Pārsa – „einem guten Land, mit guten Pferden und guten Männern" (DPd) – verantwortlich; geht es Pārsa, „das [der Gott] Auramazda ihm gegeben hat", gut, sind seine Bewohner in Sicherheit, dann ist dies das höchste Glück (DPe). Ist die Persis auch dem König untertan, entrichten ihre Bewohner – wie die elamischen Täfelchen beweisen – auch Abgaben, zu den tributbringenden unterworfenen Reichsteilen zählt sie nicht: Auf den Reliefs, etwa an den Apadana-Treppen in Persepolis, fungieren Perser als Höflinge, ‚Beamte‘ und Offiziere und unterscheiden sich so auffällig von den übrigen Reichsbewohnern. Spätestens seit Dareios legten sich die Achaimeniden auch Thronnamen zu, die zuweilen wie „auf den Punkt gebrachte" königliche Herrschaftsprogramme erscheinen. So ist der Name Artaxerxes, dessen erster Träger den

Geburtsnamen Kyros trug, dessen zweiter ursprünglich Arses und dessen dritter Ochos hieß, als „dessen Herrschaft bzw. Reich sich auf die Wahrheit gründet" zu übersetzen, der Name Dareios als „das Gute festhaltend". Dareios II. wurde übrigens ursprünglich Ochos gerufen, Dareios III. Artašat.

Der Achaimenidenkönig wurde in Iran nicht als Gott verehrt und ihm wurde auch keine göttliche Abkunft zugestanden. Dennoch war das besondere Verhältnis zu den Göttern neben der Abstammung und der persönlichen Bewährung Grundelement der Herrschaftslegitimation: Auramazda – „und die anderen Götter, die es gibt" – haben Dareios das Reich anvertraut, „durch die Gunst Auramazdas" ist er erwählt und eingesetzt, regiert er – mit Erfolg – das Reich, gleichsam als des Gottes ‚Stellvertreter'. Man hat in dieser Hinsicht zu Recht vom ‚Gottesgnadentum' des persischen Königtums gesprochen. Als der Götter Repräsentant auf Erden ist der Herrscher ausgestattet mit dem *farnah* (avest. x^{v}aranah), einer Art göttlich verliehenen Glücksglanzes bzw. königlichen Charismas. Der Wunsch Auramazdas, daß der König Erfolg haben und zum Wohle der Untertanen wirken möge, verpflichtet diese, das ist eine weitere Botschaft der achaimenidischen Herrscherideologie, zu Gehorsam, politisch-militärischer Loyalität in Form von Abgabenentrichtung (altpers. *baǰi-* „Teil [des Königs]") und Heeresfolge sowie zur gebührenden Beachtung der großköniglichen Stellung.

Im Verhältnis zu den Angehörigen der persischen Stammesaristokratie hat man den Achaimenidenkönig als *primus inter pares* begreifen wollen, doch ist ein solcher Typus informeller Führerschaft, wenn er denn überhaupt auf entwickeltere Gesellschaften Anwendung finden kann, nicht mit der realen und schon gar nicht mit der propagierten Stellung des Herrschers vereinbar. Der Großkönig vereinigt vielmehr nominell als oberster Herr, ‚Gesetzgeber' und ‚Richter' in Friedens- und Kriegszeiten alle Autorität und Macht in seinen Händen und steht weit über allen seinen Untergebenen, von ihm als seine *bandakā* („Gefolgsleute"; „die, die den Gürtel (*banda) der Gefolgschaft tragen") bezeichnet. Dies bedeutet nun aber nicht, daß der König tun und lassen kann, was er will: Da sich seine Herrschaft der Gunst Auramazdas verdankt, ist er auch verpflichtet, dessen gute Schöpfung zu bewahren; er ist dazu in der Lage, weil der Gott ihm die Fähigkeit verliehen hat, Recht von Unrecht zu unterscheiden, und weil er selbst Qualitäten besitzt, die der Durchsetzung von Gerechtigkeit und der Wahrung der guten Ordnung förderlich sind: Er vermag sich zu beherrschen und unparteiisch zu sein, er richtet, belohnt und straft demnach nicht nach Gutdünken, sondern gleichbleibend fair, er ist ein guter Reiter, Krieger und Landwirt (Gadatas-Brief) und so in der Lage, den Gefahren für das Reich (Überfällen, Hungerkrisen) zu begegnen. Es kann nun nicht mehr verwundern, daß Xerxes keinen Grund sah, die Grabinschrift seines Vaters, die eben diese Vorzüge herausgestrichen hatte (DNb), nicht auch wörtlich für sich zu übernehmen (XNb); es ist genauso verständlich, daß Teile oder Grundideen des Herrscheridealls im Reich und außerhalb des Reiches zirkulierten. Wir finden sie auf einem aramäischen Papyrus aus Elephantine in Südägypten ebenso wie in Xenophons *Anabasis* oder in einer Versinschrift des lykischen Dynasten Arbinas.

Nachdem man den zeitlosen, programmatischen Charakter der Königsinschriften und Reliefs erkannt hat, sind auch diese Qualitäten als Grundmuster königlichen Selbstverständnisses deutlicher geworden: Schon in seinen *res gestae*, der Inschrift von Bisutun, hatte Dareios sein Bemühen um Gerechtigkeit betont, hatte gleichzeitig aber auch deutlich gemacht, daß er von seinen Untertanen unbedingte Loyalität erwartete. Im Gegensatz zu den Anhängern Zarathustras, denen „Wahrheit" (altpers. *arta-*) und „Lüge" (*drauga*) moralische Begriffe waren, nach denen sie ihr Leben auszurichten versuchten, erscheint für Dareios nämlich als *drauga* all das, was sich gegen die angeblich gottgewollte eigene Herrschaft richtet, demnach jede Art von Rebellion oder Usurpation. Der zentrale zoroastrische Begriff *arta-* taucht – im Gegensatz zum vielbezeugten *drauga-* – allerdings nur in einer Inschrift des Xerxes auf (XPh) und ist dort im Sinne von „Ordnung", „Wahrheit" zu verstehen, freilich einer vom König definierten Ordnung und Wahrheit.

Wenn bei Herodot von den jungen Persern gesagt wird, sie würden drei Dinge gelehrt, nämlich „zu reiten, mit dem Bogen zu schießen und die Wahrheit zu sagen", dann mag dieses Zitat darauf verweisen, daß die Treue zu König und Vaterland neben der persönlichen Bewährung Ziel persischer Erziehung war.

Ihren textlichen Ausdruck finden diese Ideen vom idealen Herrscher in den achaimenidischen Königsinschriften, ihren bildlichen in den Reliefs der Residenzgebäude und der Grabfassaden. Ob in den Felsgrabszenen der König mit dem Bogen in Grußhaltung wirklich dem Auramazda entgegentritt oder ob in dem Flügelmann nicht der Gott, sondern das *farnah* des Königs zu sehen ist, fest steht, daß das achaimenidische Königtum in besonderer Weise als religiös legitimierte Herrschaft verstanden wurde. Wenn – auf den Reliefs von Persepolis – die Vertreter der Völkerschaften des Reiches ihren Herrscher ‚auf Händen tragen‘, wenn sie ihm Geschenke bringen (s. S. 56), dann anerkennen sie die gottgewollte Herrschaft des Perserkönigs, zugleich auch dessen Bemühen um ihr Wohlergehen; wenn der König sie zu den Arbeiten an seinem Palast ruft, dann folgen sie bereitwillig, stellen ihre Arbeitskraft zur Verfügung und setzen ihr handwerkliches Geschick ein, um ihm die Residenz zu erbauen, die seiner Größe angemessen ist.

Wohlgemerkt, dies alles ist die von den Königen verkündete Idee der *pax Achaemenidica*, der reichsweiten Friedensordnung, ein Abbild der kosmischen Ordnung Auramazdas. Nicht alle Untertanen hat sie zu allen Zeiten überzeugt; mancher hat die herausragende Stellung des Herrschers nicht anerkennen, sich mit seiner eigenen oder der Rolle seiner Heimatprovinz nicht abfinden wollen. Er hat dann fast immer nicht nur den Entzug des Zuckerbrotes, sondern auch den Einsatz der Peitsche erfahren müssen, im ungünstigsten Fall Verstümmelung, Folter und Hinrichtung als „Lügenknecht". Derjenige jedoch, der sich beschied, der gar die Nähe zum König suchte oder ihn beschenkte, konnte in den Genuß herrscherlicher Großzügigkeit kommen; das Beispiel des Themistokles, des Gegenspielers des Xerxes und Siegers von Salamis, zeigt, daß selbst Todfeinden Verzeihung und Nachsicht gewährt wurden, wenn sie denn rechtzeitig darum nachsuchten und ihr Rat zugleich dem König von Nutzen war.

Der ideologischen Dichotomie Herrscher-Untertanen entspricht die traditionsbedingte oder politisch opportune Vielfalt von Beziehungen zwischen beiden im multikulturellen Vielvölkerreich der Achaimeniden nur bedingt: Nicht nur sind Stufen der Nähe zum Herrscher zu beobachten, die sich in Privilegien, Autonomieregelungen und anderen Vorrechten bemerkbar machen, sondern neben der eben beschriebenen persischen Idee der Herrscherlegitimation und Herrschaftsbegründung existierten ja auch weiterhin die Herrschervorstellungen der ehemals unabhängigen Reichsteile, etwa Ägyptens oder Babyloniens: Wenn sich etwa Kyros als Werkzeug Marduks geriert und den Pflichten eines babylonischen Königs nachkommt, wenn Dareios die Titulatur des Pharaos übernimmt oder in der Kopie der Bisutun-Inschrift aus Babylon statt Auramazda den Bel hervorhebt, dann zeigt sich, daß die Perserkönige sehr wohl um die Bedeutung der provinzialen Traditionen wußten und diese, zu ihrem eigenen Vorteil, zu respektieren und nutzen suchten. Wenn in Iran die Herrschaft der ‚Familie‘ der Achaimeniden unbestritten blieb, wenn mit Ausnahme von Ägypten nach den ersten Regierungsjahren des Xerxes separatistische Tendenzen von Reichsteilen die Ausnahme waren, dann beweist dies, daß die Perserkönige bei der Begründung und Sicherung ihrer Herrschaft mit einigem Geschick zu Werke gegangen sein müssen.

Neben der Herrscherlegitimation kennzeichnen Herrschaftspraxis und Herrscherrepräsentation eine monarchische Ordnung. Ihnen gilt nun unser Augenmerk, allerdings vor allem wieder im iranischen Zusammenhang. Seit Dareios I. war die Zugehörigkeit zum Achaimenidengeschlecht Voraussetzung für das persische Königtum und wurde auch in den Inschriften betont. Thronfolger war dabei üblicherweise der jeweils vom Vorgänger bestimmte Kronprinz, gewöhnlich der älteste, zuweilen aber auch der erste ‚in Purpur‘ geborene, nur in Krisenzeiten auch ein anderer Sohn. Dareios selbst entschied sich gegen seinen ältesten Sohn Artobazanes und für den nach seiner Thronbesteigung geborenen Xerxes (vgl. XPf), vermutlich, um möglichen Thronansprüchen der Familie des Mitverschwörers Gobryas, aus der die Mutter des Artobazanes stammte, zu begegnen; Xerxes, der Ehe mit der Kyrostochter Atossa entsprungen, war in doppelter Hinsicht der ideale Kronprinz: Er vereinigte in seiner Person achaimenidische und teispidische Abstammung und garantierte, da die Linie des Kyros keine männlichen Erben aufwies, die unangefochtene Herrschaft des Achaimenidengeschlechtes. Die besondere Bedeutung der „Mutter des (zukünftigen) Königs" als Garantin der gewünschten Thronfolge läßt sich nicht nur daran ablesen, daß Gemahlinnen des Königs zuweilen eines gewaltsamen Todes starben, sondern auch daran, daß Könige oft genug Halbgeschwister oder enge Verwandte ehelichten. Beide Fälle sind bei Parysatis gegeben, die als Frau ihres Halbbruders Ochos (Dareios II.) und Mutter Artaxerxes' II. dessen im Volk beliebte Gemahlin Stateira aus dem Hause der Hydarniden vergiften ließ.

Weibliche Angehörige des Königshauses (elam. *dukšiš*) begegnen uns auch auf den elamischen Verwaltungstontäfelchen aus Persepolis: in Gestalt der Artystone, die mehrere Güter besaß, der Artazostra, der Frau des Mardonios, der Radušdukka, der Frau des Gobryas, und der Radušnamuya. Für Artabama schließlich, auch im Besitz eines Gutes, arbeiteten Hunderte von Arbeitern (*kurtaš Irdabamana*) in Litu, Hidali, Hunar und Širaz. Sie selbst war häufig unterwegs und erhielt zu diesem Zweck riesige Mengen von Lebensmitteln; alle Ausgaben quittierte sie übrigens mit ihrem Siegel, das uns bekannt ist. Alle Frauen des Königshauses, soweit sie in den Texten aus Persepolis Erwähnung finden, erscheinen dort als ausgesprochen aktiv, unternehmungslustig und entscheidungsfreudig. Sie nehmen an königlichen Festivitäten und Banketten teil oder richten eigene Feste aus, sie reisen über Land und geben Anweisungen, sie kontrollieren ihre Güter und Arbeitskräfte. Die Alexanderhistoriker erwähnen sie auch im Troß des Königs bei seinen Feldzügen. Es verwundert nicht, daß mancher Grieche, der dem Ideal der zurückgezogen lebenden, unbescholtenen (Ehe-)Frau huldigte, die Frauen des persischen Königshauses ebenfalls im ‚Haus‘ verortete; die Täfelchen beweisen, daß von dieser Zurückgezogenheit keine Rede sein kann. Daß die Perserinnen einem solchen Griechen zugleich attraktiv wie gefährlich erschienen, ist nun keine Überraschung mehr; wenn persische Frauen – hinter den Mauern des Palastes – auch politisch aktiv wurden, dann konnte dies nur zum Schaden des Hauses geschehen! Eine solche Auffassung hat, gepaart mit westlichen Vorstellungen orientalischen Palastlebens (im ‚Harem‘), bis in die jüngste Zeit fortgewirkt.

Die griechische Überlieferung läßt nicht nur erkennen, daß die Achaimenidenkönige die Polygamie pflegten, sondern auch, daß sich der Status der Gemahlinnen nach dem der Söhne richtete und unter den Söhnen solche mit besonderen Thronansprüchen existierten; Herodot und andere sprechen von *nothoi* („unebenbürtigen Söhnen“), um die Prinzen zu kennzeichnen, die nur dann auf den Thron gelangen konnten, wenn zuvor alle vorrangigen Anwärter eines natürlichen oder gewaltsamen Todes gestorben waren. Die Bestimmung des Thronfolgers war vermutlich ein öffentlicher Akt, nach dem dem zukünftigen König das Tragen der „aufrechten Tiara“ und der Genuß des königlichen Wassers erlaubt waren und der König dem Kronprinzen einen Wunsch zu erfüllen hatte. Persischer Brauch soll es, nach Herodot, auch gewesen sein, daß ein König erst dann ins Feld ziehen durfte, wenn er seinen Nachfolger bestimmt hatte.

Die Erziehung der Prinzen (und der jungen persischen Aristokraten) lag, nach Strabon, in den Händen der „weisesten Männer“, wohl der Magier, die nicht nur für kultische Belange zuständig waren, sondern auch als Bewahrer der mündlich tradierten Volksüberlieferung, Traumdeuter, Wächter der Königsgräber und eben als Prinzenerzieher Dienst taten. Nicht zuletzt mit Hilfe traditioneller Sagen und Legenden dürften sie den zukünftigen König auf seine Aufgaben, seine Freunde und zukünftigen Amtsträger auf den Dienst am und für den Herrscher vorbereitet haben.

Die kurze Phase zwischen dem Tod eines Königs und dem Regierungsantritt seines Nachfolgers ist für alle Achaimenidenkönige (und diejenigen, die bei der Vergabe der Macht ein Wort mitzureden gedachten) besonders bedeutsam gewesen, wie uns vor allem die Alexanderhistoriker berichten. Danach trat der vom Vater bestimmte Thronfolger nicht sogleich die Herrschaft an, sondern erst nach einer gewissen Zeit der Trauer und „Aussetzung gesetzlicher Zustände" (*anomia*) sowie nach Erfüllung bestimmter Pflichten (Bestattung des Vorgängers, Ausführung der Bestimmungen seines Testamentes) und Beachtung bestimmter Riten.

Die Investitur des neuen Königs fand jeweils in Pasargadai, der alten Residenz des Kyros, statt und begann mit einer Art „Königsinitiation" (*basilike telete*), d.h. einem Passageritus, der den Kronprinzen in einen König ‚verwandelte'. Der König wurde dabei durch einfache Speisen an die alte Lebensweise der Perser erinnert und übernahm symbolisch mit der Kleidung des Kyros auch dessen Macht und Autorität. Die ‚Weihung' im Tempel der Anahita und die vermutliche Anrufung Auramazdas im Verlauf der Zeremonien sind dabei als ritueller Ausdruck der inschriftlich belegten Idee vom Gottesgnadentum der Herrschaft gesehen worden. In einer weiteren Phase der Königsinvestitur erhielt der neue Herrscher vermutlich die Insignien seiner Macht (bestimmte königliche Gewänder und Schuhe; die aufrechte, purpurne Tiara; das Szepter in der rechten und die Lotusblüte in der linken Hand; Lanze und Bogen) und zeigte sich so seinen Untertanen. Es ist vermutet worden, daß dies auf den Stufen des Zindan-i Sulaiman geschah, eines Gebäudes, in dem man den Aufbewahrungsort der Paraphernalien vermuten möchte. Der neue König hat dann wohl mit einer Reihe symbolischer Handlungen (Annahme des offiziellen Siegels, Bestätigung von Privilegien, Bestätigung oder Neuvergabe von Ämtern und Aufgaben) seine ‚Amtsgeschäfte' aufgenommen.

Die Geschichte der Thronbesteigung des Dareios, wie sie uns Herodot und die Bisutun-Inschrift überliefern, aber auch zahlreiche andere literarische wie bildliche Zeugnisse belegen, daß es in der Persis aristokratische Geschlechter und Persönlichkeiten gab, deren Macht und Einfluß die Achaimenidenkönige ernst zu nehmen hatten. Die bekanntesten von ihnen waren die Männer (samt Nachkommen), die dem Dareios gegen Gaumata zur Seite gestanden hatten und denen daraufhin besondere Vorrechte zugestanden worden waren: das Recht etwa, jederzeit ohne Behinderung den König aufsuchen zu können und als einzige Personen Töchter mit dem Monarchen verheiraten zu dürfen; ihre Hilfe soll ihnen auch durch Abgabenfreiheit vergolten worden sein. Mag das besondere Ansehen der Mitverschwörer und ihrer Nachkommen auch bis zum Ende der Achaimenidenherrschaft Bestand gehabt haben, schon Dareios gelang es, sie von den Schalthebeln der Macht fernzuhalten und von seiner Gunst abhängig zu machen: Den Zwang zur Wahl der Gemahlin aus ihren Reihen und zur Bestimmung eines Thronfolgers aus einer solchen Verbindung konterkarierte er durch zusätzliche Heiraten mit weiblichen Angehörigen des Teispiden- und Achaimenidenhauses und durch die Bevorzugung des Xerxes, und wer, wie der Mitverschwörer Intaphernes, allzu penetrant auf seine Vorrechte pochte, den ließ Dareios gar mitsamt seinen Angehörigen aus dem Wege räumen. Genauso verhielt sich später Dareios II., der das Geschlecht der Hydarniden, auf dessen Hilfe er vorübergehend angewiesen gewesen war und das er durch eheliche Verbindungen mit dem eigenen Sohn und der eigenen Tochter ausgezeichnet hatte, auslöschen ließ. Ab Artaxerxes II. sind Heiratsallianzen mit den großen Familien dann nicht länger zur Begründung von Loyalität, sondern als Belohnung für treue Dienste nachzuweisen. Ansonsten war es immer Bestreben der Könige, durch eine endogame Politik (innerhalb der eigenen Familie) das Königshaus nach außen hin abzuschließen und so die Herrschaft zu sichern. Kein Wunder, daß die ,Verwandten des Königs' (*syngeneis*) besonders einflußreich waren.

Innerhalb der persischen Aristokratie sind deutliche Standesunterschiede auszumachen, die sich in Vermögen, Kleidung, Ernährung, Anteil an der Prinzenerziehung und in Formen des Umgangs miteinander manifestieren. So berichtet Herodot, gleichrangige Personen (*isotimoi*) hätten sich geküßt, Geringeren (*tapeinoteroi*) habe man dagegen nur die Wange zum Kuß hingehalten, von noch Geringeren (*hoi d'eti tapeinoteroi*) sogar die Proskynese, eine Ehrenbezeugung ohne Fußfall, erwartet. Familiäre Abkunft war ein wichtiger Faktor bei der Gewinnung sozialen Ansehens und der Zuweisung sozialer und politischer Funktionen, allerdings nicht der entscheidende: Bedeutsamer noch war, ob man sich der Gunst des Herrschers erfreute, in seine Nähe berufen, um Rat gefragt oder mit besonderen Aufgaben betraut wurde. Die Aufnahme verdienter Aristokraten in den Kreis der „Wohltäter" des Königs (*orosangai/euergetai*), die samt ihren Privilegien namentlich verzeichnet waren, ihre Beförderung zu „Freunden" (*philoi*) oder gar zu „Verwandten" (*syngeneis/cognati* bzw. *nobilissimi propinquorum*) des Königs, die in der Umgebung des Herrschers verweilen, mit ihm speisen (*homotrapezoi/syndeipnoi*) oder gar eine Tochter des Königs ehelichen durften, Gunstbeweise dieser Art bewogen persische ‚Edle', die Loyalität zum König höher zu schätzen als die zum Clan bzw. zur Familie, auch wenn diese Verbindungen wegen der Grundvoraussetzung vornehmer Abkunft für eine Karriere bei Hofe oder im Reich nicht verschwanden.

Zu den Kennzeichen eines guten Herrschers, wie sie in den achaimenidischen Königsinschriften, aber etwa auch in den griechischen Zeugnissen aufscheinen, zählte nicht nur die systematische Bestrafung der Übeltäter und Aufrührer, sondern auch die großzügige Belohnung der Wohltäter und loyalen Untertanen. Letzteres konnte auf vielerlei Weise geschehen; durch die Gewährung von Abgabenfreiheit (*ateleia*), von besonderer Nähe zum König und/oder durch die Zuerkennung von ‚Geschenken' in Form von Landbesitz (bzw. dessen Erlösen oder Einkünften), wertvollen Objekten (goldenen Hals- und Armreifen, kostbaren Gewändern, Waffen oder Gefäßen [z.T. mit Inschriften], Pferden mit goldenem Zaumzeug) oder auch nur Anteilen an den Mahlzeiten. Solchermaßen geehrte Personen sind auch auf achaimenidischen Reliefs und anderswo dargestellt, und manches spricht dafür, daß Auszeichnungen dieser

Art öffentlich (etwa beim Königsmahl [*tykta*]) vorgenommen wurden; Gelegenheiten dieser Art konnten der Geburtstag eines Königs, die Designation des Thronfolgers oder dessen Thronbesteigung sein. Umgekehrt scheinen vormals geehrte, nun jedoch der Illoyalität beschuldigte Untertanen auch öffentlich ihrer Vorrechte und Geschenke verlustig gegangen, im ungünstigsten Fall eben auch öffentlich gefoltert und hingerichtet worden zu sein. Die griechische Überlieferung kennt allerdings auch das Motiv des großzügigen, verzeihenden Herrschers. Neben der *polydoria* („Freigiebigkeit") des Großkönigs, die im iranischen Zusammenhang immer als Vorrecht und Kennzeichen eines weit überlegenen Souveräns und nicht etwa als königliche Leistung in einem durch Egalität, Gleichberechtigung und das Prinzip des *do ut des* („*Ich gebe, damit du gibst*") bestimmten reziproken Geschenkaustauschsystem zu verstehen ist, ist doch auch so etwas wie eine Verpflichtung des Herrschers zu besonderer Großzügigkeit erkennbar. Sie kommt etwa zum Ausdruck in dem von den Griechen beschriebenen *nomos*, zu bestimmten Gelegenheiten Wünsche der Untertanen erfüllen zu *müssen*.

Aus dem assyrischen Zusammenhang kennt man bei den Geschenken an den König eine Fülle unterschiedlicher Formen mit unterschiedlicher Zielsetzung: spektakuläre Geschenke, etwa gegenüber einem Eroberer und neuen Herrn, die wie eine Form der Anerkennung der veränderten Machtverhältnisse oder gar als eine Art Wiedergutmachung erscheinen; Geschenke, die, zu bestimmten Gelegenheiten oder regelmäßig gegeben, als Zeichen von Unterwürfigkeit und Loyalität zu interpretieren sind; Geschenke, die dem König von Gesandtschaften oder Einzelpersonen bei seinen Reisen über Land gemacht werden; Geschenke schließlich, die der König von unabhängigen (gleichberechtigten) Nachbarn erhält. Manche dieser Geschenkarten tauchen auch im achaimenidischen Zusammenhang auf: die *dora* (Geschenke) Herodots, die in der Frühzeit Untertanen und jene, die nach Dareios teilautonome Völkerschaften abliefern; die Geschenke, die der König im Lande oder bei bestimmten Gelegenheiten erhält und die auf den Reliefs von Persepolis abgebildet sein mögen. Darauf, daß diplomatisches Geschenkegeben zwischen faktisch unabhängigen Partnern auch mit politischen Ansprüchen auf Vorherrschaft verbunden sein konnte, verweist die herodoteische Episode von der Kontaktaufnahme zwischen dem Äthiopenkönig und Kambyses.

Geschenke füllten nicht nur die königlichen Schatzkammern, aus denen sich großzügige Herrscher zu redistributiven Zwecken bei passender Gelegenheit bedienen konnten, sondern wurden von ihnen üblicherweise prompt und überreichlich vergolten; diese Art der Vergeltung von Wohltaten sollte allerdings nicht als Ausdruck reziproker Austauschbeziehungen, wie sie etwa in den homerischen Epen aufscheinen, interpretiert werden, sondern nach den Regeln des Mauss'schen *magister-minister*-Gegensatzes: Der König schenkt oder schenkt zurück auf königliche, nicht egalitäre oder gar untertänige Art.

Mit dem Hinweis auf die Begegnungen zwischen Herrschern und Untertanen im Lande ist der Charakter der persischen Monarchie als ,Reisekönigtum' angesprochen. Solche Reisen waren zwar auch durch klimatische Bedingungen angeraten, dienten aber vor allem politischen Zwecken: Der König beschäftigte sich vor Ort mit den je spezifischen Problemen der Region, trat in Kontakt zu seinen Untertanen bzw. deren Vertretern und schuf so neues Vertrauen. Kontakte dieser Art mochten zwar in der jeweiligen Situation spontan geschehen und – einem beliebten Herrscher wie Artaxerxes II. – echtes Anliegen sein, sie waren zugleich aber immer symbolischer Ausdruck der Beziehungen zwischen Oberherrn und Untertanen. Die z.T. minutiös vorbereiteten Reisen, die als symbolträchtiges Zeremoniell nach alten Traditionen gestalteten Empfänge, die Verpflichtung von Städten und Gemeinden zur Versorgung von König und Hofgesellschaft, sie alle riefen den Untertanen, gleich welchen Ranges, die Dominanz des ,Königs unterwegs' ins Gedächtnis, ihre Verpflichtung zu Loyalität und materieller Unterstützung, die Abhängigkeit ihres Wohlergehens von der Gunst und Autorität des Herrschers; gleichzeitig boten sie jedoch auch vielen Personen die Möglichkeit, sich in seinem Glanz zu sonnen oder als geschätzte Untertanen eines eindrucksvollen Herrschers Stolz zu empfinden. Auf seinen Reisen und bei seinen Feldzügen wohnte der König in einem ‚Zelt‘ von gewaltigen Ausmaßen, das durch bestimmte Charakteristika leicht als das des Königs zu erkennen war. Es ist wegen seiner Größe, seiner Komplexität und Ausstattung, aber nicht zuletzt auch wegen seiner Funktion zu Recht als ‚mobiler Palast‘ bezeichnet worden: Dort, wo sich der Herrscher gerade aufhält, ist auch das Zentrum seiner königlichen Macht und Autorität. Im Zelt, beim König, befanden sich jeweils die Insignien seiner Macht, und es verwundert nicht, daß etwa Alexander, nach Issos, seinen Anspruch auf die Herrschaft über ganz Asien durch die Inbesitznahme von Zelt und Hoheitszeichen unterstrich.

Satrapen, Archive und Tribute

Das „Land des Königs", als das das Perserreich in den Verträgen mit den Griechen erscheint, war in Provinzen unterteilt, die man gewöhnlich als Satrapien bezeichnet und die von Satrapen (altpers. *xšaçapāvan* – „Reichsschützer"), oft auf unbefristete Zeit bestallten und deshalb einflußreichen Amtsträgern, gelenkt wurden. Allerdings bleibt im Bereich der Verwaltungsstrukturen manches unklar, weil die Königsinschriften das Reich nicht als Ensemble von administrativen Einheiten, sondern von Ländern/Völker(schafte)n wahrnehmen, weil die Bezeichnungen der höchsten Funktionsträger und der Verwaltungseinheiten nicht immer eindeutig und einheitlich sind und weil schließlich die Grenzen der Provinzen immer wieder neu gezogen wurden und nur in den seltensten Fällen exakt bestimmbar sind. Regelrechte Satrapienlisten existieren gar erst aus nachachaimenidischer Zeit. Fest steht allerdings, daß von Uniformität in den provinzialen Herrschafts- und Verwaltungsstrukturen sowie in den Beziehungen zwischen staatlichen Autoritäten und Untertanen keine Rede sein kann: Je nach Tradition agierten Angehörige des Königshauses, persische Aristokraten, einheimische Dynasten (Karien, Lykien, Kilikien) oder Stadtkönige (Phönikien, Zypern) auf oder unterhalb der Satrapienebene unterschiedlich, allein durch die gemeinsame Verantwortlichkeit gegenüber dem Großkönig (bzw. dem Satrapen) vergleichbar; je nach politischer Notwendigkeit wurden auch überregionale Amtsträger eingesetzt (etwa Kyros d. J. als *karanos*, d. h. als mit speziellen Vollmachten ausgestatteter Militärbefehlshaber des westlichen Kleinasiens); und je nach politischem Kalkül oder nach Verdiensten erfreuten sich bestimmte Völkerschaften besonderer Vorrechte. So erhielten etwa die Anführer der nur schwer zu kontrollierenden Bergvölker des Zagros Geschenke vom König gegen die Zusicherung von Durchzugsrechten, Friede und Heeresfolge, besaßen bestimmte arabische Stämme das Privileg, statt regulären Tributes ‚nur‘ regelmäßige Geschenke (Weihrauch) zu liefern, wurde wohl auch mit den Skythen ein für beide Seiten vorteilhafter *modus vivendi* vereinbart.

Die Residenzen der Satrapen, ihre *paradeisoi* (Gärten und Wildparks) und wohl auch die Gesellschaften an ihren ‚Höfen‘ waren Abbilder der großköniglichen Vorbilder. Literarische und archäologische Zeugnisse beweisen, daß sich in den Palästen die regionalen Archive und Kanzleien befanden, die den Kontakt mit der großköniglichen Verwaltung, aber auch mit den Gemeinden, Heiligtümern und Bewohnern der Provinz pflegten: Königsbriefe, satrapale Anordnungen und untertänige Petitionen wurden hier geschrieben, kopiert oder aufbewahrt, um jederzeit Bezug darauf nehmen zu können. Übersetzer und Dolmetscher vermittelten zwischen den reichsweit oder provinzial genutzten Schriftsprachen bzw. den Angehörigen unterschiedlicher ‚Zungen‘.

Auch der Tribut (*phoros*) wurde auf Provinzebene erhoben und gesammelt, wobei man sich – wo es möglich war und wo die Steuererhebung nicht reformiert werden mußte – an den Vorgaben aus vorachaimenidischer Zeit orientiert und die alten Kataster und Register konsultiert haben wird. Hyparchen auf der mittleren, Chiliarchen und städtische Selbstverwaltungsorgane auf der unteren Ebene waren den Satrapen dabei in Westkleinasien zu Diensten; sie waren auch vertraut mit den zu beachtenden Steuerprivilegien oder besonderen Verpflichtungen bestimmter Personen, Güter, Dörfer, Städte oder Heiligtümer. Ein Teil der Abgaben wurde, in Edelmetallform, in die Kernlande des Reiches geschafft, ein anderer verblieb in der Provinz zur Nutzung durch den Satrapen bei entsprechender königlicher Beauftragung. Naturalabgaben, in Speichern und Vorratshäusern aufbewahrt, dienten in Rationenform der Versorgung von militärischen Garnisonen oder Arbeitskräften. Wie hoch die Einkünfte des Großkönigs, wie groß die im Reich gehorteten Schätze waren, vor deren Wirkung manchem griechischen Politiker graute, ist nicht zu ermitteln. Bei allem Erstaunen über die ungeheure Beute Alexanders sollte man folgendes bedenken: Diese Schätze waren über Jahrzehnte hin gesammelt worden; sie erfüllten, wie der Tafelluxus, ihre Funktion bei der Aufrechterhaltung des redistributiven Austauschsystems zwischen König und Untertanen und damit im Rahmen der Sicherung der überragenden innen- wie außenpolitischen Stellung des Herrschers. Die Alexander in älteren Arbeiten unterstellte Absicht, mit der Ausprägung der von den Achaimenidenkönigen gehorteten Edelmetallschätze eine planvolle und bewußt rasche Vermehrung der Geldumlaufmenge zu erreichen und damit den gesamten Wirtschaftskreislauf ‚anzukurbeln‘, überträgt moderne ökonomische Einsichten auf die Antike. Alexanders Hauptmotive waren deutlich pragmatischer: Er benötigte erhebliche Mengen an geprägtem Münzgeld für die geplanten Feldzüge der nächsten Jahre, d. h. für Soldzahlungen sowie Verpflegungs- und Ausrüstungskosten. Ihm mag auch die Wirkung seines Namens auf den Münzen bewußt gewesen sein; die ökonomischen Folgen seiner Münzpolitik waren dagegen eher unbeabsichtigte Wirkungen. Daß die Thesaurierungspolitik der Großkönige wirtschaftlich unvernünftig war, der Ideologie achaimenidischen Königtums allerdings höchst angemessen, sollte uns nicht dazu verleiten, wirtschaftlichen Niedergang und eine Verschärfung der sozialen Gegensätze zu postulieren: Weder für den von Münzgeldwirtschaft geprägten Westen, noch die hacksilberbestimmten

Regionen Mesopotamiens und Westirans oder den naturalwirtschaftlich organisierten Osten des Reiches gibt es Hinweise auf eine solche Entwicklung.

Straßen, Qanate und Kanäle

Die sog. Reisetexte im Corpus der elamischen Täfelchen aus Persepolis stellen uns Einzelpersonen und Gruppen vor, die, z.T. eskortiert, auf bewachten Straßen quer durchs Reich unterwegs sind, um Nachrichten zu überbringen, Waren und Geld zu transportieren oder zu Festlichkeiten und zum Arbeits- oder Militäreinsatz zu gelangen. Straßen, Straßenwächter und Eilboten kennt auch Herodot in seinem berühmten Bericht über die ‚Königsstraße' von Sardeis nach Susa, daneben „königliche Stationen" (*stathmoi basileioi*) und „vorzügliche Herbergen" (*katalysies*). Letztere konnten nur von Personen in Anspruch genommen werden, die ein gesiegeltes offizielles Dokument vorweisen konnten, das ihnen die Versorgung mit Lebensmittelrationen garantierte. Wie komplex und entwickelt das so genutzte Verwaltungs- und Versorgungssystem war, haben die Täfelchen aus Persepolis erkennen lassen.

Nun waren die Perser keinesfalls die Erfinder des Straßen- und Verwaltungssystems. Wie sie sich in der Persis an der administrativen Praxis der Elamer orientierten, so beim Nachrichtenwesen und beim Straßenbau am Vorbild der vorderasiatischen Vorgängerreiche; Straßen- und Wegenetz wurden dabei von den Persern in einer Weise ausgebaut und vermessen, die Nachrichtenübermittlung und das öffentliche Transport- und ‚Postwesen' so verbessert, daß noch spätere Dynastien und Reiche (etwa das römische) sich – begrifflich und praktisch – am persischen Vorbild orientierten.

Auch um infrastrukturelle und wirtschaftliche Angelegenheiten kümmerten sich die Perserkönige, so um den Ausbau Elams zur Seeprovinz, die Unterhaltung und Pflege der Kanal- und Flußschiffahrt, den Anbau neuer Feldfrüchte sowie – in besonderer Weise – um die Steigerung der Bodenerträge. Zu diesem Zwecke pflegten, beaufsichtigten und förderten sie die

Technik künstlicher Bewässerung, etwa durch Nutzung des Grundwassers, das sie in langen, das natürliche Landschaftsgefälle ausnutzenden, unterirdischen Kanälen (arab. *qanat*) auf die Felder leiten ließen. Auch Staudämme sind übrigens zu diesem und anderen Zwecken (Kanalisierung des Wassers, Trinkwasserspeicherung) gebaut worden.

Güter, Arbeitskräfte und Soldaten

Die Täfelchen aus Persepolis, die Korrespondenz des Satrapen Arsames von Ägypten, die Archive der babylonischen ,Handelshäuser' und nicht zuletzt die griechischen literarischen Zeugnisse wissen von Gütern und Ländereien im ganzen Reich, die dem König, männlichen und weiblichen Angehörigen des Herrscherhauses, persischen und indigenen Aristokraten und Funktionären sowie Freunden und Wohltätern des Großkönigs gehörten. Während die königlichen und hochadeligen Domänen üblicherweise von Verwaltern organisiert und von den Eigentümern höchstens gelegentlich besucht oder inspiziert wurden, waren die weniger betuchten Personen zugewiesenen Güter zumeist von diesen selbst bewohnt. Viele dieser Anwesen in der Provinz waren befestigt, von Bewaffneten geschützt und konnten zusätzliche Hilfe von Nachbarn und über das Land verstreuten persischen Garnisonen erwarten, wie Xenophons Söldner in Mysien erfahren mußten, als sie versuchten, ein solches Gut zu stürmen und seinen Besitzer gefangenzunehmen.

Aus Babylonien sind uns, neben den großen und mittleren Gütern, kleinere Anwesen bekannt, deren Besitzer vom König Land gegen Dienste und Abgaben zugewiesen bekommen hatten. Solche sog. Lehen – der Begriff selbst ist nicht unproblematisch, weil er sich an den Verhältnissen des europäischen Mittelalters orientiert und die babylonischen Spezifika patrimonialer, präbendarischer und sogar merkantiler Art verschleiert – , solche Lehen, nach der Art des erwarteten Dienstes als „Bogenlehen", „Pferdelehen" und „Streitwagenlehen" bekannt, mögen in ihrer Anlage bereits neubabylonischen Vorlagen folgen, sind jedoch erst in der frühen Achaimenidenzeit in die organisatorische Form gebracht worden, die sie dann bis zum Ende des Reiches und darüber hinaus kennzeichnet. Wurden solche Lehen an Gruppen agnatischer Verwandter (männliche Blutsverwandte der männlichen Linie) vergeben, so hatten diese dem König zunächst im Ernstfall Heeresfolge zu leisten und eine jährliche Abgabe zu entrichten; in späterer Zeit wurde es üblich, die Dienstpflicht mit der Zahlung eines Äquivalentes in Silber abzugelten. Normalerweise nicht veräußerbar, konnte der Besitz der Soldaten sehr wohl verpachtet oder verpfändet, Beteiligungen an ihm auch vererbt werden. Transaktionen dieser Art gehörten zu den Spezialitäten des Geschäftshauses Murašû; ihre Unterlagen bezeugen die geographische Lage dieses Kleinbesitzes, ihre administrative Integration in die von Oberaufsehern kontrollierten und nach Aufgabenbereichen, Auftraggebern und Abkunft der Mitglieder gegliederten sog. ḫaṭru-Organisationen ebenso wie ihre prekäre ökonomische Situation in der zweiten Hälfte des 5. Jahrhunderts. Es waren nicht zuletzt Geschäftshäuser wie die Murašûs, die mit ihrer Vermittlerfunktion zwischen den kleinen und großen Grundbesitzern und der Krone die Wirtschaftskraft der Provinz und ihre fiskalische Einträglichkeit gewährleisteten, auch wenn die Schere zwischen Arm und Reich sich dabei immer weiter auftun mochte. Für den militärischen Ernstfall stellten Zensusregister sicher, daß entweder der ‚Belehnte‘ selbst oder ein auf Kosten des ‚Lehens‘ ausgerüsteter Soldat dem Musterungsbescheid Folge leistete. Militärkolonisten und Garnisonssoldaten unterschiedlichster Herkunft waren über das ganze Reich verteilt – so taten etwa Perser, Assyrer und Hyrkanier in Westkleinasien Dienst, Juden, Meder, Araber, Babylonier, Elamer, Kiliker und Syrer in Ägypten – und schützten bzw. kontrollierten Land und Leute dort. Stehendes Heer, zusätzlich ausgehobene Verbände und Garnisontruppen, Streitwagenkämpfer, Reiter, Lanzenträger, Schleuderer und Bogenschützen, Eliteverbände und einfache Soldaten, kämpften Seite an Seite in der Schlacht von Kunaxa zwischen Artaxerxes II. und Kyros und unter Dareios III. bei Issos und Gaugamela gegen Alexander. Die Verpflichtung griechischer, vor allem an der Nordwestgrenze eingesetzter Söldner durch den Großkönig ist dabei kein Zeichen mangelnder Kampfkraft der Perser, wie uns Isokrates glauben machen möchte; sie beweist allein, daß die Achaimeniden die notwendigen Mittel besaßen, statt der einheimischen bäuerlichen Bevölkerung kampferprobte Fremde einzusetzen, Griechen, deren Heimatverbundenheit nicht so weit ging, den lukrativen Dienst beim Großkönig zu verschmähen.

Im zivilen Bereich, etwa für die Errichtung der Residenzen und die Arbeit in den Schatzhäusern, griffen die Herrscher auf die Arbeitskraft von Personen zurück, die elamisch als *kurtaš*, akkadisch als *gardu* bezeichnet werden. Weil unter ihnen zahlreiche Vertreter unterworfener Völkerschaften genannt sind, hat man lange Zeit angenommen, es müsse sich bei ihnen um Sklaven oder Kriegsgefangene handeln; heute sieht man in ihnen eher Arbeiter, die gemeinsam durch die staatliche Verwaltung zu bestimmten Tätigkeiten verpflichtet, dafür entlohnt und in ihrem Tun kontrolliert wurden, wobei die Form der Beauftragung und Verweisung an heimatferne Plätze deutliche Züge von Zwang und Bindung trägt. Neben den *kurtaš*, die oft in ethnisch homogenen und z.T. auch in familiären Gruppen beschäftigt sowie nach Kunstfertigkeit, Ausbildungsstand, Alter und Geschlecht entlohnt wurden, sei auch an die vielen freien, aber unvermögenden Reichsbewohner erinnert, die als Kleinbauern, Pächter, Handwerker oder Kleinhändler ihr Auskommen finden mußten. Für die meisten von denen, die außerhalb Irans lebten, wird sich mit der Perserherrschaft in ihrem Alltag kaum etwas geändert haben, sieht man einmal davon ab, daß die Zeiten insgesamt ruhiger, Straßen und Wege sicherer geworden sein dürften. Dagegen erwuchsen auch den einfachen Persern aus ihrer ethnischen und geographischen Nähe zum König durchaus materielle Vorteile und Prestigegewinn.

In ihren Inschriften betonen die Achaimenidenkönige ausdrücklich, alle Völkerschaften des Reiches hätten ihre Anordnungen befolgt. Der altpersische Begriff für ‚Recht‘, ‚Gesetz‘, ‚Anordnung‘, um den es in diesem Zusammenhang geht, ist *dāta*. Er bezeichnet in den achaimenidischen Königsinschriften sowohl die vom König als auch die vom Gott Auramazda gesetzten Verhaltensnormen rechten Lebens, wobei erstere die politische Ordnung auf Erden, letztere die kosmische Ordnung insgesamt bewahren sollen. Bei dieser umfassenden Bedeutung von *dāta* als ordnungsstiftender und -garantierender Norm verwundert nicht, daß der Begriff als Lehnwort in andere Sprachen übernommen wurde. Man würde ihn aber mißverstehen, verstünde man darunter so etwas wie ein niedergeschriebenes ‚Reichsgesetz‘, das u. a. auch Lokalrecht inkorporierte; schon gar nicht ist an reichseinheitliches Recht zu denken. Gegen das *dāta* vergehen sich die Untertanen vor allem dann, wenn sie sich über Anordnungen des Königs und seiner Funktionäre hinwegsetzen, die Ruhe und Ordnung und damit den Zusammenhalt des Reiches bezwecken. Keinesfalls soll eine rechtsetzende Tätigkeit der persischen Könige und Satrapen bezweifelt werden; im Gegensatz aber etwa zur späteren römischen Gesetzgebung auf Reichs- oder Provinzebene ergingen im Achaimenidenreich solche Rechtsentscheide in der Regel im Wege der Einzelfallgerechtigkeit durch briefliche Anordnungen u. a. m. in der Absicht, im politisch-militärischen, administrativ-juristischen und vor allem fiskalischen Interesse Rechtsfrieden zu schaffen. Solche Entscheidungen von oben und die Autorisierungen lokaler Normen wurden dokumentiert und archiviert (von staatlicher wie garantiesuchender Stelle), aber nicht zum Zwecke der Erstellung eines an lokalen Besonderheiten orientierten ‚Reichsrechts‘, sondern zur späteren Überprüfbarkeit der ergangenen Entscheide oder gebilligten lokalen Normen. Natürlich waren solche Einzelfallentscheidungen prinzipiell aufhebbar (wie die Anordnungen des Kambyses für die ägyptischen Tempel beweisen); unveränderlich waren allein die durch das *dāta* festgelegten grundsätzlichen Fundamente persischer Herrschaft: die Anerkennung des Herrschers als Oberherrn, die Zahlung von Abgaben, die Pflicht zur Heeresfolge.

Im Bereich von Kultus und Religion beließ man es vielfach nicht einfach bei der häufig bezeugten Tolerierung der vor Ort geübten Praxis (wenn diese sich nicht als herrschaftsgefährdend erwies); in Kenntnis der sinnstiftenden Bedeutung religiöser Überzeugungen, aber ebenso auch in Anerkennung der politisch-weltanschaulichen sowie wirtschaftlichen ‚Macht' von Priesterschaften und Heiligtümern, erwiesen sich persische Autoritäten darüber hinaus als Stifter und Förderer einheimischer Kulte und Kultstätten, allerdings mit drei Einschränkungen: Zum ersten wurden die Kultstätten und ihre Territorien fiskalisch erfaßt, wobei allerdings Abgabenprivilegien nicht unüblich waren; zum zweiten waren religiös-kultische Konflikte unter allen Umständen zu vermeiden (aus ordnungspolitischen Gründen); zum dritten schließlich mußten jene Kultstätten mit Repressalien rechnen, die als Zentren untertäniger Illoyalität gedient hatten. Nicht anders sind etwa die Zerstörungen auf der Athener Akropolis zu verstehen, und nicht umsonst berichtet Herodot davon, daß schon am Tage danach den athenischen Göttern auf Geheiß des Xerxes wieder geopfert worden sei, allerdings von den exilierten Athenern in seinem Gefolge.

Immer wieder haben sich Gelehrte die Frage gestellt, welcher Glaubensrichtung sich denn nun die Achaimeniden selbst verbunden gefühlt hätten. Der Umstand, daß sowohl der iranische ‚Prophet' Zarathustra als auch Dareios und seine Nachfolger das Wirken Auramazdas betonen, hat die meisten dazu verleitet, die Könige als Zoroastrier zu kennzeichnen. Nun besteht allerdings weder über die Datierung Zarathustras (Ende 2./Anfang 1. Jt. oder 7./6. Jh.) noch über seine Heimat (in Ostiran), ja nicht einmal über den Charakter und Sinn der Hymnen Zarathustras Einigkeit, sind auch die einzelnen Teile des Avesta, der ‚heiligen Schrift' der Zoroastrier, nicht exakt datierbar, höchstens in einen alt- und einen jungavestischen Bestand zu scheiden. Aufgezeichnet wurde die avestische Vulgata vermutlich erst in sasanidischer Zeit (wohl im 5. Jh. n. Chr.), wobei zu diesem Zweck eigens ein Alphabet geschaffen wurde, das in der Formgestalt dem mittelpersischen, typologisch dem griechischen verwandt ist. Die Eroberung Irans durch die Muslime bewirkte eine Zerstreuung der Gemeinden, Schwächung der religiösen Überlieferung und Beeinträchtigung ihrer kultisch-liturgischen Handhabung, worunter auch die schriftliche Tradierung des Avesta litt. Heute weiß man, daß alle unsere Manuskripte auf eine ‚Grundhandschrift‘ aus dem 9./10. Jh. n. Chr. zurückgehen.

Kehrt man zur Ausgangsfrage zurück, ob es Hinweise auf eine zoroastrische Religionsform bei den Achaimeniden gibt, so steht fest, daß für eine solche postulierte Verbindung, wenn überhaupt, nur die jungavestische Form des Glaubens in Frage kommen kann. Vor allem folgende Punkte sind umstritten: Wenn Dareios in seinen Inschriften von Auramazda als „dem größten der Götter" spricht, wenn er ihn zusammen „mit allen Göttern" oder „den anderen Göttern, die es gibt", nennt, dann ist diese seine Religion gewiß nicht als monotheistisch zu bezeichnen. Ist sein ‚Mazdaismus‘ – Auramazda ist ja auch bei ihm deutlich hervorgehoben – nun der der alten iranischen Göttervorstellung oder steht er in Verbindung zu der des Jungavesta? Wenn Dareios von den anderen *bagā*, das Avesta aber von verehrungswürdigen göttlichen Wesen als *yazatas* spricht, zeigt sich darin die Verschiedenheit beider Vorstellungen oder beschreibt *baga* in den Königsinschriften ein göttliches Wesen ohne nähere Spezifizierung, während *yazata* das Mitglied einer viel enger zu fassenden Göttergruppe benennt? Sind das von Herodot bezeugte Erziehungsideal der Perser: „die Wahrheit sagen" und sein negatives Pendant ‚lügen‘ (vgl. Dareios' Kampf gegen die „Lüge" [*drauga*]) dem Wahrheit-Lüge-Gegensatz im Avesta vergleichbar? Sind die „Götzen" der Xerxes-Inschrift, die jener König bekämpft, vor dem Hintergrund der zoroastrischen Verwerfung bestimmter Wesenheiten zu sehen? Steht die Bestattung der Könige in Haus- (Kyros) oder Felsgräbern (Dareios und seine Nachfolger) in deutlichem Gegensatz zu dem im späteren zoroastrischen Schrifttum bezeugten Gebot der Aussetzung der Leichname (wie es als Sitte von Herodot für die Magier überliefert ist), oder spiegelt sich darin ein Stadium der Entwicklung des Zoroastrismus wider, das sich im Bestattungswesen noch durch Vielfalt auszeichnet (mit einer Sonderstellung der Könige?)?

Vielleicht ist deutlich geworden, auf welch schwierigem Gelände man sich bewegt, wenn man die Frage nach dem religiösen Bekenntnis der Achaimenidenkönige stellt. Festhalten darf man jedoch auf jeden Fall, daß Dareios mit seiner Bevorzugung Auramazdas einerseits an Bekanntes anknüpfen konnte, sich andererseits von seinem Bekenntnis zu diesem Gott eine bedeutsame Unterstützung (und Rechtfertigung) seines Machtanspruches versprach. Ob er diesem Gott (dem zoroastrischen Glauben in welcher Form auch immer?) ‚nur' aus politisch-opportunistischen Erwägungen verbunden war oder sich ihm auch innerlich nah fühlte, ist eine Frage, die kaum zu beantworten ist.

Zentralgewalt und Lokalautonomie –
Reichsidee und lokale Traditionen im Achaimenidenreich

Es dürfte deutlich geworden sein, daß weder der Vergleich des Perserreiches mit einem modernen Nationalstaat noch das Bild eines nur locker verbundenen Ensembles von heterogenen Reichsteilen zutreffen. Allerdings bleibt die Frage, ob sich Lokalautonomie *und* königliche Kontrolle wirklich zu ergänzen und stabile Verhältnisse zu garantieren vermochten. Schaute man nur auf die Personen in den Führungspositionen des Perserreiches, dann könnte man den Eindruck gewinnen, als sei es ausschließlich von einer kleinen Herrenschicht kontrolliert worden. Gerade im Vergleich zu Rom, wo Provinziale nicht nur schon recht früh in den Senat aufrücken, sondern später gar den Kaiserthron selbst besteigen konnten, fällt auf, wie wenige Nichtperser auf die höchste politisch-militärische Entscheidungsebene zu gelangen vermochten. Allerdings ist ein solches Bild in zweierlei Hinsicht trügerisch: Zum einen betrauten die Großkönige viele einflußreiche und vermögende

Provinziale oder gar Fremde mit wichtigen Aufgaben, wenn auch nicht mit den wenigen absoluten Führungsstellen, ließen ihnen Auszeichnungen, Ehrungen und Geschenke zukommen und machten sie so zu ihren Parteigängern; der mit Haus und Hof, persischer Gemahlin und ‚persischen' Kindern ausgezeichnete Metiochos, der Sohn des Marathonsiegers Miltiades, der ähnlich geförderte Sieger von Salamis, Themistokles, und der ägyptische Arzt Udjahorresnet sind diesbezüglich nur drei Beispiele von vielen. Zum anderen sind für den Zusammenhalt eines Reiches die politischen und personalen Beziehungen auf regionaler und lokaler Ebene viel entscheidender als die in den höchsten Entscheidungsinstanzen. Und gerade hier, unterhalb des Satrapenniveaus, ist nun im Achaimenidenreich ein großes Maß von Eigenständigkeit, aber auch von persisch-indigener Zusammenarbeit und einheimischer Nachahmung persischer Vorbilder zu erkennen. Wir besitzen zahllose Beispiele für eheliche Verbindungen persischer Offiziere und Amtsträger mit weiblichen Angehörigen lokal oder regional bedeutsamer einheimischer Familien; Dareios II. und seine Halbschwester und Gemahlin Parysatis aus Verbindungen Artaxerxes' I. mit Babylonierinnen sind Beleg dafür, daß unter Umständen sogar Halbprovinziale auf den Thron gelangen konnten. Auf der Ebene der satrapalen Distrikte bekleideten Einheimische absolute Führungspositionen, wie die Hekatomniden in Karien, jüdische bzw. samaritanische Gouverneure in Yehud bzw. Samaria oder die Stadtkönige in Phönikien und auf Zypern. Die Archäologie hat zudem beweisen können, daß sich solche indigenen Eliten in persischen Diensten in Palastarchitektur, Wohnkultur, Tracht, Schmuck und öffentlichem Auftreten nicht nur an einheimischen, sondern auch an großköniglichen oder satrapalen Vorbildern orientierten.

Trotz aller Bemühungen der Großkönige um Fortführung indigener Traditionen und Respektierung alter Institutionen und Privilegien in den ehemals unabhängigen Reichsteilen und trotz zahlreicher ‚Kollaborateure' waren einschneidende Veränderungen im Status dieser Gebiete und ihrer Bewohner allerdings nicht zu vermeiden gewesen: Ägypten und Babylonien etwa mochten zwar eine besondere Stellung im Reichsganzen einnehmen, sie hatten dennoch ihre außenpolitische Handlungsfreiheit verloren, waren zu Tributentrichtung und Heeresfolge verpflichtet worden und wurden nun von fremden, nicht einheimischen Königen regiert. Die fiskalische und politische Neuordnung des Reiches durch Dareios I. mit ihrer stärkeren Systematisierung der rechtlichen und finanziellen Beziehungen zwischen König und Provinzialen, im Falle Ägyptens zusätzlich die Randlage dieser Provinz, ihre Nähe zu den perserfeindlichen Mächten des Mittelmeerraumes und ihre daraus resultierende besondere militärische Sicherung trugen das Ihrige dazu bei, daß – zu bestimmten günstigen Gelegenheiten bzw. Zeiten besonderer Unzufriedenheit mit dem Zentrum – perserfeindliche Teile der einheimischen Eliten den Versuch der Wiederaufrichtung indigener Herrschaft machten. Erfolgreich war man dabei aber nur in Ägypten und selbst dort nur für zwei Generationen. Daß dieser Umstand, zusammen mit der eben beschriebenen Heterogenität der Verhältnisse, dem erstaunlichen Ausmaß lokaler Autonomie und struktureller Toleranz sowie den dynastischen Krisen nicht doch auf einen Mangel an zentraler Autorität verweist, wie man annehmen könnte, läßt sich an zwei Beispielen aufzeigen: Aus einer Inschrift aus Milet geht hervor, daß die Städte des Ionischen Bundes um 390 v. Chr. unter der Aufsicht des Satrapen Struses (Struthas) einen Grenzstreit zwischen den Bundesmitgliedern Milet und Myous entschieden. Der (nach einem Appell der Städte an den König vom Satrapen einberufene [?]) Gerichtshof des Ionischen Bundes führte ein Untersuchungsverfahren durch, das nur deshalb nicht in ein Urteil mündete, weil die Myesier vorher ihre Sache verlorengaben. Der Satrap wurde darüber informiert und bestätigte, daß das Land den Milesiern gehören solle; mit anderen Worten: Eine lokale Instanz faßte üblicherweise in einem eigenständigen Verfahren ihren Beschluß, und der Satrap ratifizierte ihn, d. h. er erkannte ihn an und notierte ihn und seine politisch-fiskalischen Auswirkungen im provinzialen Archiv. Wir kennen übrigens eine ganze Anzahl weiterer Normen und Regelungen lokaler Gebietskörperschaften aus dem 4. Jh., die wegen ihrer politisch-fiskalischen Bedeutung auch für die Satrapie vom jeweiligen Statthalter autorisiert wurden.

Ein zweites Beispiel – aus einem ganz anderen Kulturkreis innerhalb des Reiches: Ende des 5. Jh. kam es in Elephantine an der Südgrenze Ägyptens zu einem Konflikt zwischen den dort wohnenden jüdischen Jahwe-Verehrern und den ägyptischen Chnoum-Priestern, in dessen Verlauf das jüdische Heiligtum zerstört wurde. Die auf mehrfaches Ersuchen der jüdischen Militärsiedler hin ergangene staatlich-persische Entscheidung ist ein bezeichnendes Dokument persischer Religionspolitik: Dem Wiederaufbau des Tempels bzw. Altarhauses stimmte die Verwaltung zu, weil die Juden auf entsprechende Privilegien aus der Zeit des Kambyses verweisen konnten. In die religiös-kultischen Belange griffen die Perser nicht ein; sie wurden von den Jerusalemer Autoritäten entschieden und sahen vor, daß weiterhin Speise- und Weihrauchopfer dargebracht werden konnten, nicht jedoch Brandopfer, bei denen zuvor wohl auch Widder, die heiligen Tiere des Gottes Chnoum, geopfert worden waren. Auch hier, im religiös-kultischen Bereich, zeigt sich das Zusammenspiel von Autonomie und königlicher Kontrolle, die, wie das Beispiel des Apollon-Heiligtums im ionischen Didyma zeigt, selbst die Zerstörung einer in eine Rebellion verwickelten und nun als Stätte der „Götzen" begriffenen Kultstätte einschließen konnte.

Obgleich die Perser auf der regionalen und lokalen Ebene in die sprachlichen Verhältnisse nicht eingriffen, so nutzten sie doch das Aramäische als eine Art *lingua franca*, um nicht nur eine überregionale Kontaktsprache zu besitzen, sondern diese auch wie eine sprachliche Klammer für das Gesamtreich einzusetzen. Der in der Forschung üblich gewordene Terminus „Reichsaramäisch" für die Sprachstufe jener Zeit und das Fortwirken des Aramäischen zeigen, daß man damit erfolgreich war.

Auch im Bereich von Landwirtschaft und Gartenkultur ist die Verbindung von Tradition und Neuschöpfung, von Autonomie und Kontrolle zu beobachten: Lokale Anbauweisen lebten fort, wurden aber durch königliche Maßnahmen im Bereich der Irrigation und der Einführung neuer Feldfrüchte zugleich gefördert und ergänzt; lokale Besitz-, Abhängigkeits- und Einkommensverhältnisse wurden im allgemeinen respektiert, z.T. aber auch durch Landzuweisungen (Güter, Militär- ‚lehen') und zusätzliche Abgaben und Pflichten zugunsten des Königs und seiner Amtsträger modifiziert.

Fassen wir zusammen: Ein heterogenes, aber starkes Perserreich, zusammengehalten durch ein erstaunliches Maß an lokaler Autonomie *und* eine starke zentrale und regionale Autorität, prägte die Geschichte Vorderasiens mehr als zwei Jahrhunderte lang. An seinem Vorbild orientierten sich, wie zu zeigen sein wird, auch seine Nachfolger.

III. Persien zur Zeit Alexanders und der Seleukiden (330–140 v. Chr.)

Die Herrschaft der Großkönige aus dem Hause des Achaimenes fand ihr Ende, als der Makedonenkönig Alexander (III.) die Königsresidenzen einnehmen und nach dem gewaltsamen Tode seines Gegenspielers Dareios (III.) den Widerstand in Ostiran mit großer Brutalität brechen konnte. Alexander hatte diesen Feldzug, dessen endgültiger Erfolg zu Beginn nicht abzusehen gewesen war und der bei verschiedenen Gelegenheiten hätte scheitern können, nicht nur militärisch-taktisch, sondern auch ideologisch gut vorbereitet: Den Griechen gegenüber hatte er ihn als Rachemaßnahme für den Xerxeszug gegen Hellas und als Befreiungsaktion für die kleinasiatischen Poleis ausgegeben, obgleich die Makedonen zu Beginn des 5. Jh. noch auf der persischen Seite gestanden hatten; im Falle der nichtgriechischen Untertanen des Großkönigs (etwa in Ägypten und Babylonien) gedachte sich Alexander, achaimenidischem Beispiel folgend, an dem in ihrer Heimat jeweils geltenden und von einem fremden Herrscher zu respektierenden königlichen Verhaltenskodex zu orientieren. Den Persern stellte er sich schon früh als ein König vor, der ihrem Herrscherideal weit eher entsprach als der regierende Monarch, als ein Mann zudem, der bereit war, sich um alle die zu sorgen, die sich auf seine Seite schlügen. In Kleinasien gerierte er sich dementsprechend als Verteidiger von Land und Landbesitzern, in seinem Briefwechsel mit Dareios nach der Schlacht von Issos als Konkurrent um den Thron, in der Persis dann später als würdiger Erbe des Kyros und entschiedener Gegenpart des Xerxes, dessen Paläste er in Brand setzen ließ, nach der Ermordung des Dareios als dessen Rächer und Nachfolger. Während die persischen Aristokraten, ja selbst die Angehörigen der Königsfamilie, Alexander zunehmend als einen der Ihren ansahen, hatten andere größere Schwierigkeiten, sich mit ihm zu arrangieren: Der baktrisch-sogdische Adel etwa, obgleich die Spannungen dort nach dem exzessiven Strafgericht zunehmend nachließen, die ‚Inder‘ im Grenzgebiet, deren Widerstand ebenso brutal gebrochen wurde wie der der Bergvölker, die sich um ihre privilegierte Stellung betrogen sahen; auch die Unzufriedenheit der Griechen und Makedonen nahm zu, denen nicht nur die kein Maß kennenden territorialen, sondern auch die ungewohnten ‚ideologischen‘ Ambitionen ihres Königs zu schaffen machten, die nicht zuletzt am öffentlichen Auftreten ihres Königs Anstoß nahmen. Entspannung an den meisten dieser ‚Fronten‘ brachten erst die Heirat Alexanders mit der baktrischen Fürstentochter Roxane, die Hochzeitsfeiern in Susa, die Festivitäten in Opis, die Mißbilligung des Brandes von Persepolis und die praktisch-militärischen Vorbereitungen des geplanten Arabienfeldzuges, in deren Verlauf Alexander dann jedoch unerwartet starb.

Während die Persis dank des neuen Satrapen Peukestas Bemühungen über Alexanders Tod hinaus ruhig blieb, gärte es in anderen Teilen des Reiches, noch zu Alexanders Lebzeiten oder kurz danach: In Baktrien unterstützte die einheimische Bevölkerung den Aufstand unzufriedener griechischer Kolonisten, in ‚Indien‘ schaltete der Mauryaherrscher Candragupta den makedonischen Vasallen im Punjab aus, in Media Atropatene begründete der frühere achaimenidische und alexandrische Satrap Atropates ein eigenes Herrschaftsgebiet und eine eigene Dynastie. In den Diadochenkämpfen nach Alexanders Tod standen die Statthalter der „Oberen Satrapien" (Persis, Karmanien, Areia/Drangiana, Arachosien/Gedrosien, Baktrien/Sogdien, Paropamisadai) 317/6 an der Seite des Eumenes im Kampf gegen Antigonos, orientierten sich dabei jedoch weniger an dessen Sache als an der Sicherung ihrer eigenen Positionen. Zwischen 312 und 301 v. Chr. unterwarf Seleukos, seit Susa mit Apama, einer baktrischen Prinzessin verheiratet, von seiner Basis Babylonien aus den gesamten Iran, scheiterte jedoch im Kampf gegen Candragupta, dem er im Ausgleich für ein Bündnis, Kriegselefanten und eine sichere Ostgrenze das Obere Indusgebiet, Gandhara, Paropamisadai und Ostarachosien überließ. Unabhängig blieben Media Atropatene und Choresmien, das schon in spätachaimenidischer Zeit seine Selbständigkeit hatte erringen können. Unsere Zeugnisse beweisen, daß Seleukos schon sehr früh und im Gegensatz etwa zu Antigonos Monophthalmos auch recht ausgeprägte politische und territoriale Pläne für die „Oberen Satrapien" besaß. Diese dürften durch den Umstand gefördert und auch konkretisiert worden sein, daß der Diadoche, wie bereits erwähnt, mit der iranischen Prinzessin Apama verheiratet war, die, wie wir heute wissen, enge Beziehungen zu ihrer ostiranischen Heimat pflegte. Mit der Förderung des Sohnes aus dieser Ehe, Antiochos, sowie dessen Einsetzung als Korregent und Vizekönig der Territorien jenseits des Euphrats bewies Seleukos Weitblick: Niemand war geeigneter, die griechisch-makedonischen und iranischen Bevölkerungselemente auf seine Person zu verpflichten und dabei die je eigenen Traditionen zu respektieren und zu nutzen als der von beiden Kulturen geprägte Thronfolger.

Die Politik eines Ausgleichs mit den lokalen Eliten, die Einsicht, daß ein solch heterogenes Reich nicht gegen den Willen der Unterworfenen und auch nicht durch eine ‚Makedonisierung' und Vereinheitlichung von unterschiedlichen Herrscheridealen bzw. ‚Königsideologien' sowie Herrschaftsinstrumenten zu regieren sein würde, verband dabei nicht nur Seleukos und Antiochos miteinander, sondern erwies sie auch als Erben ihrer achaimenidischen Vorläufer in der Herrschaft (und Alexanders). Achaimenidennachfolge in der Selbstdarstellung schloß für die Seleukiden nun nicht eigene Akzentsetzungen und Neuschöpfungen aus: Titel und Rolle der Königin, das Herrschaftsmittel der Synarchie, der Verzicht auf ein elaboriertes Krönungszeremoniell beweisen dies neben anderen Besonderheiten seleukidischer *basileia* im Reichs-, aber auch im lokalen, nichtmakedonischen Zusammenhang. Unsere Zeugnisse kennzeichnen Vater und Sohn aber nicht nur als zwei einem gemeinsamen Ziel, der Sicherung der Herrschaft und des Reiches, verpflichtete und sich dabei zu beider Vorteil ergänzende Könige. Sie benennen auch ihre Eigenheiten: Seleukos war sich immer auch seiner makedonischen Herkunft bewußt, er bemühte sich intensiv um die Unterstützung seiner babylonischen und iranischen Untertanen, und er gerierte sich als rechtmäßiger und rechtschaffener Herrscher nach ihren Vorstellungen, ohne dabei seine Abkunft und Herkunft zu verleugnen und ohne seine Ambitionen auf seine Heimat aufzugeben. Antiochos, geboren von einer Iranerin, war vom Vater zur Kontrolle des Ostens vorgesehen worden, eines Ostens, der seine ‚Heimat' war (Makedonien hatte er nie gesehen); zum Zwecke der Sicherung der Grenzen in Nordostiran gegen ‚nomadische' Einfälle hat er sich offensichtlich häufig und über längere Zeit in seiner Residenz Baktra aufgehalten, dem neben Ekbatana wichtigsten, ehemals achaimenidischen, Zentrum für die Kontrolle der „Oberen Satrapien". Die seleukidische Grenzsicherungspolitik, aber auch das Interesse von Vater und Sohn am Landesausbau, an der Pflege der Infrastruktur sowie an diplomatischen und Handelskontakten sind im archäologischen und zuweilen auch im literarisch-epigraphischen Befund ablesbar: Zu erinnern ist hier an die Anlage von Festungen und befestigten Plätzen, an Demodamas' und Patrokles' Unternehmungen in Baktrien/Sogdien bzw. im Gebiet zwischen dem Kaspischen Meer und dem Oxos, an die Städtegründungs- und Kolonisationspolitik, an das Interesse schon der frühen Seleukiden an der Sicherung des Persischen Golfes, an die diplomatischen Kontakte mit Indien. Lassen sich manche Maßnahmen von Seleukos und Antiochos dabei durchaus als persischem Vorbild folgend beschreiben, die Satrapienordnung etwa, die Pflege und Nutzung der achaimenidischen Residenzen, das Interesse an Zentralasien und seinen Verbindungen über Medien (Ekbatana) nach Babylonien, die Pflege von Bewässerungswesen und Wegenetz, der Umgang mit den Bergvölkern des Zagros und der Gebirgszüge am Kaspischen Meer, so zeigen andere die besondere seleukidische Note: die ständige und nicht nur zeitweilige Bestallung eines Vizekönigs des Ostens mit einem Schwerpunkt seiner Aufgaben in Baktrien etwa und vor allem die Gründung von griechisch/makedonischen ‚Städten‘ und Militärkolonien.

Das Seleukidenreich besaß seinen territorialen Kern in den Gebieten von Syrien im Westen bis Westiran im Osten; von dieser Basis aus bemühten sich die Könige des 3. Jh., den von Nachbarn und Feinden, ehemaligen Untertanen und Thronprätendenten ausgehenden Gefahren zu begegnen. Den Kerngebieten des Reiches gegenüber stellen sich Kleinasien, der nördliche Balkan und Koile-Syrien im Westen sowie Ostiran im Osten als Grenzregionen dar, die gemäß dem Anspruch der Herrscher zwar unverzichtbarer Bestandteil des Reiches blieben, der Erfahrung nach aber von anderen Mächten bedroht oder gar beansprucht wurden. Was Iran angeht, haben alle Könige bis zu Antiochos III. (223–187), von der festen Basis Mesopotamien und Westiran aus, eine aktive Politik zur Sicherung der ostiranischen Territorien betrieben: So versuchte Seleukos II. (246–226/5), nachdem Parthien und Baktrien an den Parner Arsakes (s. S. 92) und den Graeco-Baktrer Diodotos verlorengegangen waren (wohl 240/39 bzw. 239), beide Provinzen wieder zu Reichsterritorien zu machen, als er die Hände dazu frei hatte; die für seine Herrschaft insgesamt entscheidendere Auseinandersetzung mit der Tante Stratonike und dem Bruder Antiochos Hierax zwang ihn jedoch, seinen Feldzug im Osten abzubrechen und sich nach Westen zu wenden. Seleukos' Sohn Antiochos (III.) griff die Pläne des Vaters wieder auf, fand aber günstigere innen- und außenpolitische Voraussetzungen vor als sein Vater 20 Jahre zuvor. Seine *Anabasis* in den Osten (212–

204) zwang Parther und Graeco-Baktrer, die Oberhoheit der Seleukiden erneut anzuerkennen; im Gegenzug beließ Antiochos sowohl Arsakes II. als auch Euthydemos in Amt und Würden. Ein Unternehmen im Golfraum (205/4) sicherte die seit langem existierenden Verbindungen ins Indien der Mauryas, mit denen schon Antiochos' Vorfahren gute Kontakte gepflegt hatten (s. S. 81), und lenkte die Warenströme, die sich seit einiger Zeit von Gerrha in Ostarabien aus nach Westen und damit auch ins feindliche Ptolemaierreich ergossen hatten, wieder ins südliche Zweistromland um. Erst nach den schweren Niederlagen des Königs gegen Rom (191 und 190/89) sowie Antiochos' IV. fehlgeschlagenem Ostfeldzug ging Baktrien dem Seleukidenreich endgültig verloren, griffen auch die Parther in entscheidender Weise nach Westen aus. Erst ab dieser Zeit betrieben dann auch ehemals seleukidische ‚Vasallen' in Westiran (Persis: die sog. Frataraka; Elymais: die Kamnaskiriden) und im südlichen Zweistromland (Charakene: Hyspaosines) eigenständige Politik, brach auch die seleukidische Kontrolle des Golfraumes zusammen. Ihrer Unabhängigkeit konnten sich diese Rebellen nur kurze Zeit erfreuen, wurden sie doch schon bald Untertanen der Parther.

Leider besitzen wir keinerlei Informationen über das seleukidische Hofzeremoniell in den Palästen von Susa, Ekbatana oder Baktra, über den seleukidischen Umgang mit der iranischen Königsideologie und Volksüberlieferung sowie ihren ‚priesterlichen' Trägern und Bewahrern; der Umstand, daß die Seleukiden in Babylonien die dortigen herrscherlichen Verhaltensmaßregeln und ihre historische Begründung respektierten und beim Umgang mit den Einheimischen in ihrem Sinne nutzten, daß sie den indigenen Kultvollzug nicht nur billigten, sondern förderten, legt nahe, ähnliches auch für den iranischen Kulturbereich anzunehmen. Daß sowohl Antiochos III. als auch sein Sohn und Nachfolger gleichen Namens sich – vergeblich – in den Besitz von Tempelschätzen in der Elymais zu bringen versuchten (187 bzw. 164), ist nicht als Abkehr von dieser Politik zu begreifen, sondern als offensichtliche Notstandsmaßnahme aufgrund von Bargeldknappheit nach den römischen Diktatfrieden. Den späteren Abfall der Region haben sie allerdings gewiß begünstigt.

In Ermangelung aussagekräftigen Materials kennen wir nur wenige Iraner, die zu wichtigen Positionen im Reichsdienst aufstiegen; das Beispiel der ersten Dynasten aus der Persis läßt aber vermuten, daß die Seleukiden sehr wohl auch auf die Erfahrungen von loyalen Einheimischen zurückgriffen. Auf der für den Erfolg administrativ-fiskalischer Maßnahmen im provinzialen Zusammenhang viel entscheidenderen ‚zweiten Ebene' unterhalb von Hofgesellschaft und Verwaltungs- und Militärspitze müssen im Lande verwurzelte, mit entsprechender sprachlicher Kompetenz ausgestattete und mit den wirtschaftlichen, sozialen und religiös-kulturellen Gegebenheiten vertraute Einheimische in nicht zu unterschätzender Zahl tätig gewesen sein; ‚Überlieferungsverlust' hat, anders als im Zweistromland, die meisten ihrer Namen und Aufgabenbereiche für immer gelöscht, ihren Umgang mit den Traditionen der Oberherren unseren Blicken verborgen.

Lange Zeit hat man nicht nur die Begegnung der seleukidischen Könige mit den vielen ethnisch, sprachlich, religiös oder kulturell geschiedenen Bevölkerungsgruppen ihres Reiches dichotomisch auf die Gegensatzpaare Herrscher-Untertanen oder Griechen/Makedonen-Orientalen verkürzt, sondern auch die Vielfalt der möglichen und tatsächlich nachweisbaren Kontakte dieser Menschen untereinander unterschätzt: In Städten wie Susa, Ekbatana oder Baktra lebten Vertreter der verschiedensten Ethnien, Sprachfamilien und Glaubensrichtungen auf engstem Raum zusammen, und es gibt keinen Grund, sich diesen alltäglichen Umgang miteinander als ein immerwährendes Gegeneinander oder argwöhnisches Nebeneinander vorzustellen; Sprachbarrieren sind sicher nicht zu unterschätzen, ebensowenig politische Rivalitäten, doch das babylonische und das indisch-arachosische Beispiel (s. S. 81) sowie einige Hinweise auch für den iranischen Raum lassen auf zahlreiche Formen gegenseitiger Beeinflussung, auf eheliche Verbindungen zwischen Iranern und Griechen/Makedonen sowie auf Zwei- oder gar Mehrsprachigkeit in nicht zu unterschätzendem Umfang schließen. Denken wir auch daran, daß die Dynasten der Persis thrakische Militärsiedler kommandierten, griechisch-makedonische Offiziere iranische Mannschaften, daß die Kunst des seleukidischen Ostens iranische, indische, mesopotamische und griechisch-makedonische Traditionen bewahrte, umformte und zuweilen zu etwas ganz Neuem verschmolz. Der Reiz der Beschäftigung mit den Kulturen des Hellenismus liegt ja in eben dieser Vielfalt von ‚Begegnungen' begründet.

Auch wenn wir nur unzureichende Informationen über den diplomatischen Verkehr zwischen Seleukiden, Parthern und Graeco-Baktrern besitzen, es hat ihn ebenso gegeben wie den zwischen Seleukiden und Mauryas. Kulturell und handelspolitisch ist sowieso kein ‚eiserner Vorhang' zwischen seleukidischen Besitzungen und solchen der Nachbarn und Gegner im Osten auszumachen. Auch die These vom angeblichen Verzicht der Seleukiden auf dynastische Heiraten mit Angehörigen der iranischen Eliten steht auf schwachen Füßen; zwar sind nur zwei Heiratsallianzen mit den Parthern belegt, doch beweisen zahlreiche eheliche Verbindungen mit den iranischen Satrapendynastien in Kleinasien und Armenien, daß die Seleukiden ethnische oder gar rassische Voreingenommenheit gegenüber Iranern nicht kannten. Der endgültige Verlust der iranischen Territorien in der zweiten Hälfte des 2. Jh. v. Chr. war das Ergebnis ungünstiger außen- und innenpolitischer Konstellationen, nicht jedoch Frucht iranischen Bemühens um Beendigung einer als bedrückend empfundenen Fremdherrschaft.

Zwei Regionen Irans sollten wir uns am Ende dieses Teils noch gesondert zuwenden, weil wir – dank Überlieferungszufalls – in ihnen in dieser Zeit (3./2. Jh.) politisch wie kulturell besonders interessante Entwicklungen beobachten können. Im fruchtbaren *Baktrien* haben französische Ausgräber mit Ai Xanum einen seleukidisch-baktrischen Garnisonsstandort ergraben, der uns einen Einblick in griechisches Leben im Osten Irans erlaubt. Sie fanden an diesem Platz ein Theater, einen ‚heiligen Bezirk', ein Gymnasion, einen Palast und mehrere eindrucksvolle Privathäuser, eine Zitadelle, Tempel und zu Verwaltungszwecken genutzte Areale. Gewaltige Lehmziegelbefestigungen schützten die Siedlung, deren antiken Namen wir nicht kennen, nach außen. Furore machte die Ausgrabung aber nicht nur, weil sich an diesem Ort griechische, baktrische, achaimenidische und mesopotamische Kunststile mischen, sondern auch, weil 1966 im Bereich des Heroons eine Statuenbasis mit zwei Inschriften ans Licht kam, einem Epigramm, das darüber berichtet, daß ein gewisser Klearchos dort eine Abschrift der delphischen Maximen der Sieben Weisen angebracht habe, und einer Inschrift mit fünf der wohl ursprünglich zwölf Sinnsprüche. Jener Klearchos, uns seit langem bekannt als peripatetischer Philosoph aus Soloi auf Zypern, muß demnach um 300 v. Chr. eine Orientreise unternommen haben, die ihn auch in die von Griechen bewohnten Gegenden Ostirans führte. Daß er dort auf ein interessiertes Publikum traf, beweisen die Sprüche aus Delphi ebenso wie der Abdruck eines Papyrus und eines Pergaments aus Ai Xanum – beide selbst nicht erhalten -, die als Auszüge aus einem Dialog über Platons Ideenlehre bzw. einem Stück in iambischen Trimetern zu deuten sind.

Beim großen Steppenvölkersturm, der zwischen 141 und 129 v. Chr. über Baktrien hinwegfegte, wurde nicht nur Ai Xanum aufgegeben, sondern fand auch die Herrschaft der graecobaktrischen Könige diesseits des Hindukusch ihr Ende. Die Invasoren, von den griechischen Quellen als Tocharer bezeichnet, von den chinesischen als Yuezhi, waren von der Ostgrenze Chinas auf der Flucht vor den Xiongnu nach heftigen Kämpfen mit anderen Völkerschaften entlang der Seidenstraße bis nach Sogdien gelangt. Später sollten die Yuezhi, unter Führung des Clans der Kušan, ein Reich errichten, das – als Nachbar des Partherreiches – von Zentralasien bis Nordwestindien reichte und Nordostiran eine neue Zeit wirtschaftlicher und kultureller Blüte bescherte.

Unser zweiter historischer Schauplatz sind Arachosien und Nordwestindien im 3. Jh. v. Chr., wo Inschriften des Mauryakönigs Aśoka, des wohl bekanntesten indischen Herrschers der Antike (sowie Zeitgenossen und guten Nachbarn Antiochos' II.), ans Licht kamen. Die von ihm nach Ausweis dieser

Inschriften zur Heilbehandlung von Menschen und Tieren und zur Verbreitung der Botschaft vom *dhamma*, d.h. der rechten Lebensführung, weit nach Westen (Ägypten, Kyrene, Epirus, Makedonien und Syrien) gesandten Heilkundigen und Botschafter können nur mit Erlaubnis Antiochos' II. (und der anderen hellenistischen Herrscher) tätig geworden sein; die Abgesandten Aśokas müssen für ihr Vorhaben zudem die Diskussion mit den politischen Entscheidungsträgern ebenso gesucht haben wie die mit Philosophen, Priestern, Gelehrten und anderen seleukidischen Untertanen unterschiedlichster Weltanschauung. Woher diese Gesandten vermutlich kamen und wie ihre Botschaft gelautet haben mag, darauf geben besagte griechische bzw. ,aramäoiranische' Inschriften aus dem Westen des Maurya-Reiches, vom Boden des heutigen Afghanistan, eine Antwort. Die griechischen zeichnen sich nämlich dadurch aus, daß sie sich nicht sklavisch an die indische Vorlage halten, sondern sprachlich wie inhaltlich am spezifischen Wissen und Usus der Adressaten anknüpfen: Sie respektieren Sprachgefühl und Ausdrucksweisen der griechischen Untertanen in diesem Raum, kleiden ihre Botschaft z.T. in ein platonisch-aristotelisches Gewand, erläutern Unbekanntes und lassen Bekanntes unübersetzt. Die Inschriften in aramäischer Schrift und ,aramäoiranischer' Sprache suchen demgegenüber den *iranischen* Bewohnern dieser ostiranisch-nordwestindischen Regionen die vom Herrscher verkündete und eingeforderte Ethik auf eine ihnen vertraute Weise nahezubringen. Es ist hier nicht beabsichtigt, die im Gegensatz zur eigenen Behauptung wohl eher bescheidenen Erfolge Aśokas bei der Propagierung des *dhamma* zu kommentieren; es geht vielmehr darum zu zeigen, wie falsch das Bild ist einerseits von der von Griechen und Iranern *per se* als bedrückend empfundenen indischen Fremdherrschaft über ihre Siedlungsgebiete, andererseits von einem Mauryaherrscher, der überall versucht, den *dhamma* in einer ganz bestimmten ,indischen' (oder gar buddhistischen) Ausprägung durchzusetzen: Wie die in indischem Auftrag als Übersetzer und Gesandte tätigen griechischen und iranischen Untertanen der Mauryas in einer Region mit durchlässigen Grenzen ihre

Eigenheiten bewahren und sich zugleich neuem Gedankengut aus Indien öffnen konnten, so ist kennzeichnend für Aśokas Bemühen, damals in unterschiedlichsten religiösen und philosophischen Zusammenhängen diskutierte und auch von ihm selbst als für das eigene Leben bedeutsam erkannte menschliche Tugenden und Lebensregeln als Herrscher- und Untertanentugenden zu propagieren und zur Festigung der Reichseinheit einzusetzen.

Daß Aśoka sich dabei nach indischer Vorstellung als *cakravartin*, als Herrscher der Welt, geriert, dessen Vorrangstellung die von ihm genannten Könige des Westens durch den Empfang seiner Gesandten und die Anerkennung der Bedeutung des *dhamma* bestätigt haben, ist Ausdruck seiner nicht unbescheidenen ideologischen Ansprüche; praktisch-politische Auswirkungen hatte dies alles nicht, ja vermutlich waren sich die hellenistischen Zeitgenossen Aśokas nicht einmal der Implikationen seiner Botschaften bewußt.

Es dürfte deutlich geworden sein, daß sich Iran in hellenistischer Zeit als ein Raum darstellt, den nicht nur „Licht von Westen" und „Licht von Osten" zugleich erhellten, sondern der auch selbst ein gerüttelt Maß zum zivilisatorischen Fortschritt des Nahen Ostens beitragen konnte. Deutlich wird dies allerdings nur, wenn man bereit ist, die ausschließlich europäische zugunsten einer universalhistorischen Perspektive aufzugeben.

IV. Persien unter der Dynastie der Arsakiden (Parther) (250 v. Chr. – 224 n. Chr.)

Die Überlieferung

Auch das *Imperium Parthicum*, obgleich an Ausdehnung dem der Achaimeniden nicht vergleichbar, war ein polyethnisches und multikulturelles Großreich. Auch in ihm wurden viele Sprachen gesprochen: in Iran vor allem Mittelpersisch, Parthisch, Sogdisch, Chwaresmisch und Baktrisch, weiter westlich

Armenisch, verschiedene Kaukasussprachen und Babylonisch, in Mesopotamien und in anderen Teilen des Reiches Aramäisch in seinen verschiedenen Varianten, in den Poleis wie Susa und Seleukeia-am-Tigris Griechisch. Mittelpersisch, Parthisch, Sogdisch und Chwaresmisch wurden mittels Schriften geschrieben, die aus der aramäischen hervorgegangen waren, während das Baktrische in einer lokalen Variante des griechischen Alphabetes aufgezeichnet wurde. ‚Aramäische‘ Schreiber, aber auch immer mehr aramäischkundige Einheimische, sorgten als Übersetzer und ‚Redakteure‘ für die Aufzeichnung wichtiger Inhalte; der zunehmende Einfluß von iranischsprachigen Schreibern führte nicht nur dazu, daß sich die einzelnen Schriftsysteme auseinanderentwickelten, sondern auch dazu, daß die Niederschrift der jeweiligen Muttersprache, die zunächst noch ganz mit aramäischen Wörtern geschah, mit immer mehr iranischen Wörtern durchsetzt wurde, wodurch die aramäischen Formen allmählich zu konventionell gebrauchten Symbolen, „Heterogrammen“, wurden. Wenden wir uns nun im einzelnen den wichtigsten Sprachen des Reiches zu:

Das *Parthische*, die (westiranische) Sprache der Satrapie Parthien, war unter den Arsakiden Hof- und z.T. auch Verwaltungssprache ihres Reiches. Allerdings ist es in seiner arsakidenzeitlichen Form nur wenig bezeugt, besser in den Zeugnissen aus sasanidischer Zeit, etwa den parthischen Versionen der sasanidischen Königsinschriften (s. S. 102) und den literarischen Werken der Manichäergemeinden Parthiens sowie Mittel- und Zentralasiens. Das *Mittelpersische* war bis zum 3. Jh. v. Chr. nur lokale Sprache der Persis, wurde dann aber, unter den von dort stammenden Sasaniden, zur Amts- und Verkehrssprache ihres Reiches. Zu den ostmitteliranischen Sprachen zählen das *Sogdische*, das allerdings gleichfalls vor allem erst in späterer Zeit (entlang der Seidenstraße) bezeugt ist, das *Chwaresmische* vom Unterlauf des Oxos und das *Baktrische*, das im späteren Kušan-Reich in offiziellen Zusammenhängen das bis dahin vorherrschende Griechisch ablöste.

Unter den nichtiranischen Sprachen sind im Partherreich das – allerdings erst ab dem 5. Jh. n. Chr. schriftlich überlieferte –

Armenische mit seinen zahlreichen Entlehnungen aus dem Parthischen, das *Griechische* der hellenischen Untertanen der Großkönige, das sich damals zur Volkssprache wandelnde *Aramäische* und das *Babylonische* erwähnenswert; letzteres wurde noch im 2. Jh. n. Chr. gesprochen, während unser letzter datierter Keilschrifttext aus dem Jahre 74/75 n. Chr. stammt. Eine gute Vorstellung von der Sprachen- und wohl auch ethnischen Vielfalt im Partherreich vermitteln die aus Dura-Europos überlieferten Personennamen, unter denen sich solche griechisch-makedonischer, lateinischer, babylonischer, palmyrenisch-aramäischer, nabatäisch-arabischer und iranischer Provenienz befinden.

Versucht man, ähnlich wie im achaimenidischen Teil, die Schriftzeugnisse der Partherzeit nach Inhalt, aber auch Ort- und Zeitbezogenheit zu gewichten, dann gebührt der Vorrang den mehr als 2000 *parthischen* Ostraka (beschriebenen Tonscherben) aus der parthischen Residenz Nisa im heutigen Turkmenistan, die auf den ersten Blick nur als Notizen einer provisorischen Registrierung von Lieferungen an den Palast erscheinen, mit ihrer Fülle von Personen- und Ortsnamen sowie Titulaturen, aber auch namenkundlich und verwaltungsgeschichtlich bedeutsam sind. Die zwei griechischen und die parthische Pergamenturkunde aus Avroman in Iranisch-Kurdistan und die gleichfalls in Griechisch und Parthisch abgefaßten Pergamente und Papyri aus Dura bedienen gleichfalls diese Forschungsinteressen, wobei die Avroman-Dokumente zusätzlich den Wechsel von der griechischen zur parthischen Notariatssprache vor 53 n. Chr. belegen. Parthische Inschriften sind vor allem in der Elymais (Xung-i Nauruzi) auf uns gekommen, aber auch in Südkurdistan (Sar-Pul-i Zuhab) – in beiden Fällen in Verbindung mit Felsreliefs – und in Susa, wo der auf einer Stele abgebildete „König der Könige" Artabanos (IV.) und sein lokaler Funktionär Xvasak vorgestellt werden. Zu den parthischen Sprachdenkmälern aus arsakidischer Zeit zählen auch noch die Legenden auf den Arsakiden-Münzen, weitere Ostraka aus Ostiran und Inschriften auf Gemmen sowie Silbergefäßen und -schalen.

Unter den *aramäischen* Texten sind die Beischriften von Felsreliefs aus der Elymais (Tang-i Sarvak u.a.), Weihinschriften aus Hatra und Memorialinschriften aus Assur besonders bemerkenswert; letztere belegen, daß an beiden Orten Aramäisch Umgangssprache war. Unter den *griechischen* Zeugnissen vom Boden des Partherreiches ragen – neben den Avroman-Urkunden – die Beischriften zu den Reliefs der Könige Mithradates II. und Gotarzes II. in Bisutun heraus sowie die Inschriften aus Susa; als historisch bedeutsam hat sich dort vor allem der Brief Artabanos' II. an die Archonten der Stadt aus dem Jahre 21 n. Chr. erwiesen. Mit welchen archäologisch-epigraphischen Überraschungen man in diesen Räumen zu rechnen hat, hat der Fund einer bronzenen Herakles-Statuette gezeigt, der in Seleukeia-am-Tigris gemacht wurde; auf den Oberschenkeln der Figur war eine parthisch-griechische Bilingue angebracht, die in dreifacher Hinsicht Furore machte: Erstens bezeugte sie die parthische Rückeroberung der Charakene im Jahre 151 n. Chr., zweitens bewies sie die Gleichsetzung von griechischen und iranischen Gottheiten bzw. Heroen (Tir = Apollon und Varhragn = Herakles) und drittens stellt sie das früheste Zeugnis des Parthischen für eine Monumentalinschrift aus dem arsakidischen Babylonien dar.

Spätere *babylonische* Keilschrifttexte aus parthischer Zeit sind in Uruk und Babylon zutage getreten; unter ihnen sind astronomische Tagebucheintragungen, die etwa über den Kampf zwischen Parthern, Elymäern und Charakenern um Babylon(ien) in den Jahren nach 141 v. Chr. Auskunft geben, das ‚Archiv' des Raḫimesu mit seinen Einsichten in das Leben im Babylon der frühparthischen Zeit und Urkunden aus Uruk, die das Wirken der großen Heiligtümer dort noch um 100 v. Chr. belegen, besonders hervorzuheben.

Am Schluß des Überblicks über die schriftliche Überlieferung stehen die literarischen Zeugnisse des Westens und Ostens, wobei erstere zuweilen auf das als verläßlich gewertete (aber nicht auf uns gekommene) Werk des *Apollodoros von Artemita* zurückgreifen, eines griechischen Untertanen der Parther. Aus dem Arsakidenreich stammte auch *Isidoros von Charax*, der in seinen *Stathmoi Parthikoi* die das Reich durchquerende Straße von Zeugma-am-Euphrat bis nach Alexandreia-in-Arachosien beschreibt.

Von besonderer Bedeutung für eine Darstellung parthischer Geschichte aus römischer Sicht sind die *Historiae Philippicae* des *Pompeius Trogus* aus Südgallien, die erste ‚Universalgeschichte' der römischen Literatur in 44 Büchern vom Ende des 1. Jh. v. Chr.; leider liegt sie heute nur als (lateinischer) Auszug bei Iustin vor, zusammen mit den kurzen Prologen der Bücher des Originals. Bei Trogus erscheinen die Parther als ebenbürtige und zeitweilig sogar überlegene Gegner Roms, die aus niedrigsten (‚nomadisch-skythischen') Anfängen zu mächtigen Herrschern des Ostens aufstiegen. Ihr zwiespältiger Charakter, in dem sich Genügsamkeit und Hang zum Luxus verbunden haben sollen, die angebliche Willkürherrschaft ihrer Könige und die sprichwörtliche Grausamkeit der Parther werden, moralisierend-belehrend, als Anzeichen für eine sich abzeichnende parthische ‚Dakadenz' interpretiert. Wichtig für unser Verständnis parthischer Geschichte und Kultur sind auch die Beschreibung Parthiens durch *Strabon* in seiner *Geographia* sowie die Darstellung der Anfänge der Parther durch Arrian in seinen nur fragmentarisch überlieferten *Parthika* geworden; bei Strabon fällt auf, daß er, bei allem Respekt vor der militärischen Stärke der Parther, sie in keiner Weise mit den Römern auf eine Stufe zu stellen bereit ist; in seinen Augen sind und bleiben sie „Barbaren", den Römern zivilisatorisch, aber auch politisch-militärisch unterlegen. *Tacitus* schließlich beschreibt die Parther nicht um ihrer selbst willen, sondern im Rahmen der römisch-parthischen Beziehungen des 1. Jh. n. Chr. Er ist dabei gleichfalls nicht bereit, die Parther als den Römern gleichrangig und ebenbürtig anzuerkennen; eindeutig negativ und von Barbaren- und Tyrannentopik bestimmt ist auch seine Einschätzung der Politik der Partherkönige. Andere Autoren des Westens steuern weitere Informationen bei: Polybios über den Ostfeldzug des Seleukiden Antiochos III., der ihn auch gegen die Parther führte, Flavius Iosephus über die jüdisch-parthischen Beziehungen, Plutarch in seinen Biographien des

Crassus und des Antonius, die beide den Parthern unterlagen, Appian und Cassius Dio über die römisch-parthischen Beziehungen, Plinius d. Ä. mit seinen Mitteilungen über die historische Geographie Asiens, die augusteischen Dichter schließlich, die die Nachbarn im Osten als ernstzunehmenden Feind Roms kennzeichnen, sich zugleich aber als Verkünder der augusteischen Partherpolitik und ihrer Erfolge verstehen.

Viel weniger bekannt als dieser Blick von Westen sind die Berichte der *chinesischen* Historiographen: So erwähnt Sima Qian, der Großarchivar am Hofe des Kaisers Wu-Di, von manchen als ,Herodot Chinas' apostrophiert, in seinem 98 v. Chr. vollendeten *Shi-ji* („Historische Aufzeichnungen") eine chinesische Gesandtschaft, die u. a. die Gebiete von Ferghana, Sogdien und Baktrien besucht hatte. Ban Gu und Ban Zhao, ein Geschwisterpaar aus der Han-Zeit, die mit den „Annalen der frühen Han" (*Hanshu*) das *Shi-ji* fortsetzten, haben darin auch eine Schilderung Parthiens aufgenommen. Fan Ye schließlich, ein Historiker des 5. Jh. n. Chr., dessen „Annalen der späteren Han" (*Hou Hanshu*) erst im 11. Jh. zu ihrer heutigen Fassung vervollständigt wurden, erwähnt im Kap. 118 über die „Westländer" auch die Reise eines chinesischen Amtsträgers, der im Jahre 97 n. Chr. durch Parthien (Anxi) zog und bis zum Persischen Golf gelangte.

Anders als die chinesische fällt die – späte – *armenische* Überlieferung für die historische Rekonstruktion parthischer Geschichte nahezu vollständig aus. Ein letztes: Auch die späte *iranische* Überlieferung (das zoroastrische Schrifttum und die perso-arabischen Autoren) hat noch Kenntnisse der arsakidischen Epoche Irans bewahrt, doch sind diese durch die spätsasanidische Tradition mit ihrer bewußten Geringschätzung parthischer Größe und Leistungen verkürzt und entstellt. Dagegen ist die sog. ,kayanische Tradition', die Darstellung der Geschichte der mythischen Urkönige Irans, wohl in parthischer Zeit entscheidend geprägt worden. Über sie wird noch zu reden sein.

Mit der Herakles-Statuette aus Seleukeia und den Felsreliefs aus der Elymais sind bereits *archäologische Zeugnisse* der

Abb. 5: Prunkhalle im parthischen (Alt-)Nisa (Rekonstruktion)
(nach A. Invernizzi (Hg.), *In the Land of the Gryphons*, Florenz 1995, 10)
Die Skulpturen in der Halle sind vor Ort geschaffene Werke
griechischer Künstler und verweisen auf das Interesse der Partherkönige
an griechischer Kunst und Kultur.

Arsakidenzeit angesprochen worden. Die meisten partherzeitlichen Stätten in Iran hat man in Parthien (Turkmenistan),
Medien und Xuzistan entdeckt; stellvertretend soll deshalb
hier zunächst auf Nisa (Parthien), Bisutun (Medien) sowie
Tang-i Sarvak und Šami (Xuzistan) eingegangen werden. Mehr
noch als Neu-Nisa, die eigentliche Stadt, ist *Alt-Nisa*, die königliche Festung mit Palast- und Tempelbauten, aber auch
Speichern und Schatzräumen, bemerkenswert (Abb. 5); ihr ei-
gentlicher Name war Mihrdātkirt („Festung des Mithradates"), was – zusammen mit dem archäologischen Befund – darauf verweist, daß sie seit Mithradates I. genutzt wurde. Neben
den Ostraka, die dort gefunden wurden, sind vor allem die
Marmor- und Terrakottastatuen sowie Elfenbeinarbeiten
(Rhyta) bemerkenswert, die sämtlich von griechischer Hand

stammen und zumindest z.T. vor Ort gearbeitet worden sein müssen; sie beweisen, daß die Partherkönige mehr als nur oberflächliches Interesse an griechischer Kultur und Lebensweise zeigten und sich nicht nur aus politischem Kalkül ihren griechischen Untertanen gegenüber als „Philhellenen" ausgaben. Übrigens erscheinen in Nisa nur in der Architektur auch iranische Elemente.

In *Bisutun*, wo sich schon Dareios und ein hoher seleukidischer Funktionär hatten verewigen lassen, ließen auch Mithradates II. und Gotarzes II. Reliefs und Inschriften anbringen; unter den dem Mithradates huldigenden Satrapen befinden sich Gotarzes, der in der Inschrift als „Satrap der Satrapen" tituliert wird und als vom Adel gestützter Gegenkönig später den Mithradates ablösen sollte, sowie ein gewisser Kofzat, der auch in den Ostraka aus Nisa erscheint. Aus der *Elymais* stammen die zahlreichen schon angesprochenen Felsreliefs, von denen sich etwa die aus Tang-i Sarvak ‚königlichen‘ Themen wie Investitur (Belehnung mit der Herrschaft), Jagd, Opfer, Ehrenbezeugungen lokaler Würdenträger sowie der Bewährung im Kampf widmen. In ihrer Datierung oft genug umstritten, in ihrem Stil und in ihrer Ikonographie iranisch, bilden sie das Bindeglied zwischen achaimenidischer und sasanidischer Reliefkunst. Neben den arsakidischen Münzen sind die partherzeitlichen Skulpturen (vor allem aus Palmyra, Hatra und Assur), darunter die berühmte Bronzestatue eines (arsakidischen?) ‚Prinzen‘ aus *Šami* im Zagros-Gebirge, unsere wichtigsten Zeugnisse für Tracht und Kopfbedeckung bei den Parthern; Diadem (bzw. Doppeldiadem), z.T. reichgeschmückte Tiaren, vorne offen geschnittene jackenartige Obergewänder und hosenartige Beinkleider kennzeichnen dabei den Herrscher. Als charakteristisch für die parthische Kunst kann im übrigen die strikte Frontalität der Figuren gelten, die dann später von den Sasaniden wieder zugunsten der Profildarstellung aufgegeben wurde.

Nicht nur wegen ihrer Legenden, sondern auch wegen ihres Bildinhaltes sind dem Historiker die *Münzen* der Arsakiden, die vornehmlich in Ekbatana und Seleukeia-am-Tigris geprägt wurden, zu wichtigen Zeugnissen ihrer Herrschaft geworden. Vermutlich kurz nach der Mitte des 3. Jh. v. Chr. eingeführt, zeichnen sie sich durch besondere Merkmale aus: In den Aversen (Vorderseiten) verliert das Porträt, das sich aus dem idealisierten seleukidischen Herrscherporträt entwickelt hatte, nach Mithradates II. allmählich seine Bedeutung und läßt bald keine individuellen Züge (außer Frisur und Barttracht) mehr erkennen. Ein Unterscheidungskriterium stellen die Kronhauben dar, auch wenn sie keine Individualkronen darstellen. In den Reversen (Rückseiten) bilden vor allem die griechischen Legenden, die später allmählich verderbter und durch parthische ergänzt werden, mit ihren verschiedenen Titulaturen und schmückenden Beiworten das wichtigste Ordnungskriterium. Hauptsächliches Münzmetall war Silber, Kupfer besaß spätestens ab der Mitte des 1. Jh. v. Chr. nur mehr lokalen Charakter; auf Goldmünzen haben die Arsakiden, anders als ihre hellenistischen Vorgänger, verzichtet. Hauptnominale war die ca. 4 g schwere Drachme attischen Standards, daneben die Tetradrachme, die allerdings – im Gegensatz zur Drachme – im Laufe der Zeit deutlich an Gewicht und Silbergehalt verlor. Die ‚Vasallenherrschaften‘ der Persis, Elymais und Charakene hatten gleichfalls das Recht zur Münzprägung, das sie nach parthischem Vorbild wahrnahmen. In Ostiran (Sistan?) tauchen ab dem Ende des 1. Jh. v. Chr. Überprägungen arsakidischer Münzen auf, die die Vorstufe zur Eigenprägung der indo-parthischen Dynastie bilden, welche unter dem berühmten König Gondophares ab ca. 20 n. Chr. einsetzt.

Partherbilder in indigener Ikonographie wurden seit Augustus reichsweit zentrales Thema der *römischen* Staatsdenkmäler, repräsentativen Monumente und Münzen. Motive wie der kniefällig ein Feldzeichen darbietende Parther, parthische Luxusdiener, kniefällig tragende oder aufrecht stützende ‚Barbaren‘ sollten dabei nicht nur die Unterlegenheit der Parther zum Ausdruck bringen, sondern, wenn man so will, auch die Inbesitznahme der ‚Gegenwelt‘ des Orients durch Rom dokumentieren.

Parthische Geschichte von Arsakes I. bis Artabanos IV.

Unmittelbar nach dem Tode seines Königs Antiochos II. (246) geriet das Reich der Seleukiden, der Nachfolger Alexanders im Osten, in eine innen- wie außenpolitische Krise; Antiochos' Sohn und Nachfolger Seleukos II. kam, wie wir gesehen hatten, an vielen Fronten unter Druck: Er hatte nicht nur gegen die Thronansprüche seiner ägyptischen Stiefmutter Berenike und ihres kleinen Sohnes zu kämpfen, die von Berenikes Bruder Ptolemaios III. im ‚3. Syrischen Krieg' (246–241) unterstützt wurden, sondern kurz danach auch gegen solche seines Bruders und Mitregenten Antiochos Hierax (240/39–vor 236). Die Kämpfe des Seleukos im Westen nutzten Untertanen seines Reiches im Osten dazu, eigene unabhängige Herrschaften aufzurichten: In Baktrien begründeten Diodotos I. und sein gleichnamiger Sohn das ‚graeco-baktrische Königreich'; kurz zuvor hatte schon der Satrap von Parthien, Andragoras, den Abfall vom Oberherrn betrieben, ohne allerdings den Königstitel zu beanspruchen. Er konnte sich aber nur kurze Zeit seiner Unabhängigkeit erfreuen, weil er schon bald im Kampf gegen die semi-nomadischen Parner fiel, die nach vorübergehender Besetzung der nördlichen Teile Parthiens nun weitere Gebiete dieser ehemals achaimenidischen und dann seleukidischen Provinz unter ihre Kontrolle brachten.

Unter ihrem Anführer Arsakes eroberten die neuen Herren – sie wurden schon bald nach ihrer neuen Heimat Parther genannt, ihre Herrscher nach dem Begründer der Dynastie Arsakiden – Hyrkanien am Ostufer des Kaspischen Meeres hinzu und konnten ihre Territorien auch im Kampf gegen Seleukos II. behaupten. Auf die Reichsgründungsphase bezieht sich auch die sog. ‚parthische Ära', die vom 1. Nisan (= 14. April) 247 v. Chr. an rechnet und im Partherreich neben der ‚seleukidischen Ära' (die auf 312/11 bezogen ist) benutzt wird. Erst die Erfolge von Seleukos' Sohn Antiochos (III. d. Gr.) auf seinem Ostfeldzug (210–204) zwangen die Parther, wie bereits betont, die seleukidische Oberhoheit erneut anzuerkennen. Nach der seleukidischen Niederlage gegen Rom, d. h. nach 188 v. Chr., fielen sie jedoch erneut ab und dehnten in den folgenden Jahrzehnten ihre Herrschaft weit nach Süden, Westen und Osten hin aus: Unter Mithradates I. (171–139/8) eroberten sie Westiran und Mesopotamien und annektierten Teile des graecobaktrischen Reiches; sie legten damit die Grundlagen des parthischen Vielvölkerstaates. Nach einer kurzen Phase militärischer Rückschläge gegen Hyspaosines von Charakene und die Steppenvölker des Nordostens und nach vergeblichen Versuchen der Seleukiden unter Demetrios II. und seinem Bruder Antiochos VII., verlorenes Terrain zurückzugewinnen, war es Mithradates II. (124/3–88/87), der die parthische Großmachtstellung restaurierte. Durch ihre Auseinandersetzung mit Armenien gelangten die Parther nun auch in das Blickfeld Roms: Im Jahre 96 traf sich der parthische Gesandte Orobazos mit Sulla, dem römischen Proprätor von Kilikien, und eröffnete so den Reigen römisch-parthischer ‚Begegnungen'. In den folgenden Jahrzehnten wurde der Euphrat zur gemeinsamen Grenze zwischen Rom und dem Partherreich, anerkannt in den parthischen Verträgen mit Lucullus und Pompeius (69 bzw. 66 v. Chr.). Der Bruch der Abmachungen durch Crassus, der sich durch seinen Einfall in das Reich des Nachbarn Beute und zusätzliches Prestige im politischen Tagesgeschäft in Rom zu verschaffen suchte, rächte sich durch seine vernichtende Niederlage bei Karrhai (53), bildete zugleich aber den Auftakt für zahlreiche militärische Auseinandersetzungen zwischen den beiden Großmächten. Nachdem ein geplanter Feldzug Caesars wegen dessen Ermordung nicht mehr zur Ausführung gekommen und auch der Gegenschlag der Parther unter Pakoros und seinem römischen Mitstreiter Q. Labienus nach kurzzeitigen Erfolgen in Syrien und Kleinasien gescheitert war (41–38), versuchte Antonius sein Glück, mußte sich seinerseits jedoch schändlich aus Armenien und Media Atropatene zurückziehen. Wie sehr die ‚Partherfrage' die Römer in diesen letzten Jahrzehnten der Republik beschäftigte, zeigt sich nicht nur an der Bedeutung dieses Themas in der römischen Literatur jener Zeit, sondern vor allem in dem besonderen Bemühen des Augustus, seinen innenpolitischen Erfolgen nun auch einen ebensolchen gegenüber den Feinden im Osten folgen zu lassen: Der durch dynastische Probleme im Arsakidenhaus möglich gewordene diplomatische Erfolg des Princeps im Jahre 20 v. Chr. – der Partherkönig Phraates IV. verpflichtete sich zur Rückgabe der römischen Feldzeichen und zur Anerkennung der römischen Oberhoheit in Armenien – wurde von Augustus zu einem bedeutenden Thema seiner Prinzipatsideologie gemacht und in Wort und Bild gebührend herausgestellt; die kniefällig tragenden und aufrecht stützenden bunten römischen Barbarenstatuen jener Zeit etwa verurteilen den parthischen Gegner zur demütigen Ehrenbezeugung und zum sklavischen Dienen (s. S. 91).

In den folgenden Jahrzehnten bestimmten erneut politisch-militärische Auseinandersetzungen zwischen Rom und dem Partherreich das Bild; dabei stand zumeist der politische Status von Armenien zur Diskussion, auf das sich – wegen seiner besonderen geopolitischen Lage – die Begehrlichkeiten beider Mächte richteten. Politisch bedienten sich in diesem Streit die römischen Kaiser mehrfach der in Rom weilenden Abkömmlinge Phraates' IV., um mit ihrer Hilfe Thronstreitigkeiten und Auseinandersetzungen zwischen parthischen Königen und Adelsgruppen in ihrem Sinne zu beeinflussen. Erst das Abkommen von Rhandeia (63 n. Chr.) zwischen den Unterhändlern Neros und Vologaises' I., des wohl bedeutendsten Arsakidenherrschers des ersten nachchristlichen Jahrhunderts, löste für einige Zeit das ‚armenische Problem': Das Königtum dort wurde parthische Sekundogenitur – der zweitgeborene Sohn des Partherkönigs bestieg den armenischen Thron – unter römischer Oberhoheit; Vologaises' Bruder Tiridates erhielt aus Neros Händen in Rom in einer elaborierten Zeremonie die Zeichen der armenischen Königswürde. Nach Vologaises' Tod bescherten ein Alaneneinfall, der Abfall Hyrkaniens sowie erneut ausbrechende Thronkämpfe dem Partherreich eine neue Phase innen- wie außenpolitischer Instabilität. Es kam noch schlimmer: Das widerrechtliche Eingreifen des Arsakiden Osroes in Armenien veranlaßte den römischen *optimus princeps* Trajan zu einem Ostfeldzug (114–117); *Armenia*,

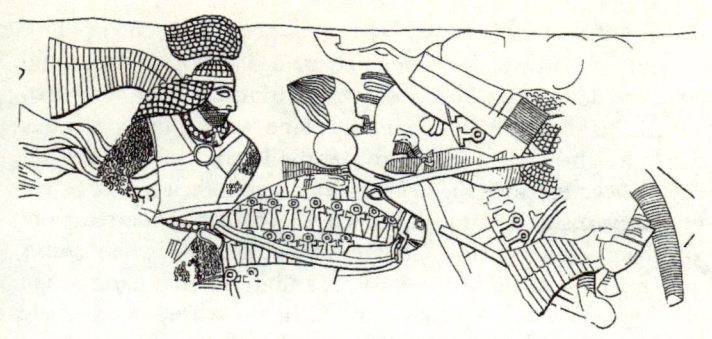

Abb. 6: Die Schlacht von Hurmuzğan (224 n. Chr.)
zwischen Ardaxšir I. und Artabanos IV. (Umzeichnung eines Ausschnitts
des Felsreliefs von Tang-i Ab bei Firuzabad in Fars)
(nach H. von Gall, *Das Reiterkampfbild in der iranischen
und iranisch beeinflußten Kunst parthischer und sasanidischer Zeit,*
Berlin 1990, Abb. 3)

Mesopotamia und *Assyria* wurden als neue Provinzen eingerichtet, die Königsresidenz Ktesiphon fiel, nicht jedoch das von
Parthien abhängige Hatra in Nordmesopotamien. Allerdings
zwangen Aufstände im Zweistromland und anderswo den bis
zum Persischen Golf vorgedrungenen Trajan bald zum Rückzug, bei dem er starb. Sein Nachfolger Hadrian verzichtete in
weiser Voraussicht auf die Neuerwerbungen seines Vorgängers
und beschränkte seine Ambitionen auf die Sicherung der
Euphratgrenze und den Einfluß in Armenien. In Mesene (Süd-
mesopotamien) hielt sich allerdings noch bis 151 ein von den
Partherkönigen unabhängiger Herrscher. Unter Hadrian und
seinem Nachfolger Antoninus Pius pflegten die Römer intensi-
ve wirtschaftliche Kontakte mit den Nachbarn im Osten;
durch ihre und der Palmyrener Vermittlung gelangten in jener
Zeit Luxuswaren aus China und Indien in großer Zahl auf dem
Land- wie Seewege in den Westen (s. S. 100). Noch zweimal
kam es jedoch in den folgenden Jahrzehnten zu längeren militärischen Auseinandersetzungen zwischen Rom und den Parthern. Ein zunächst erfolgreicher parthischer Angriff auf Armenien und Syrien unter Vologaises IV. wurde von Avidius

Cassius mit einem Gegenschlag beantwortet (161–165 n. Chr.): Ktesiphon wurde eingenommen, das nördliche Zweistromland einschließlich Dura-Europos wurde römisch. Den Parthern kam schließlich der Zufall zu Hilfe; eine Seuche, die später das ganze Reich befallen sollte, zwang die Römer zum verlustreichen Rückzug. Auch die Feldzüge der severischen Kaiser Septimius Severus und Caracalla (nach 195 n. Chr.) änderten trotz vorübergehender Erfolge nichts am außenpolitischen *status quo ante*; allerdings scheinen sie es ambitionierten parthischen ‚Teilkönigen‘ aus der Persis ermöglicht zu haben, eigene Ziele zu verfolgen: Die Sasaniden Pabag und Ardaxšir erweiterten in den ersten Jahrzehnten des 3. Jh. n. Chr. ihr Territorium auf den ganzen Südwestiran: Letzterem gelang es schließlich sogar, am 28. April 224 den letzten Arsakiden Artabanos IV. in einer Schlacht zu besiegen und zu töten (vgl. Abb. 6) und seinerseits den Thron von ganz Iran zu besteigen.

Es sollte deutlich geworden sein, daß die parthische Reichsbildung kein stetiger und unumkehrbarer Prozeß war, sondern eine schwierige und langwierige Unternehmung mit einigen schweren Rückschlägen; nur aus der Rückschau auf die fast 500jährige Herrschaft der Arsakiden über große Teile Irans erscheint diese Entwicklung als zwangsläufig. Andererseits sollte uns die Tatsache, daß die parthische Herrschaft über Iran und das Zweistromland so lange Bestand hatte und dann eher überraschend zusammenbrach, davor bewahren, den römischen Vorstellungen von der korrumpierenden Wirkung von Macht und orientalischem Luxus sowie von ‚orientalischer Despotie‘ oder dem sasanidischen Topos von der Partherherrschaft als der schwacher Monarchen über stets unabhängige „Teilkönige" zuviel Vertrauen zu schenken.

„König der Könige", parthische Aristokratie und griechische Untertanen

Das arsakidische Königtum weist eine interessante Mischung aus alten parnischen, adaptierten achaimenidisch-iranischen und übernommenen hellenistisch-seleukidischen Elementen auf. Vorparthisches Erbe ist etwa die Gestalt der besonderen Beziehungen zwischen dem Herrscherhaus und den ehemals parnischen Stammes- bzw. Clanführern (s. S. 98), die sich nicht immer zum Vorteil des Reichsganzen gestalteten oder entwickelten. Iranischer Tradition verdankt sich die Vorstellung von der Wirkkraft des königlichen *farn*, des königlichen ‚Glücksglanzes‘, die Arsakes und seiner Familie zuzukommen schien; die Krönung und die Pflege des Andenkens des Reichsgründers, durch die Stiftung eines ewig brennenden Feuers und die Annahme seines Namens als offizieller Thronname, sind Ausdruck dieser Vorstellung von der Wirksamkeit des Erbcharismas. Die Arsakiden übernahmen aber auch – vermutlich unter Mithradates I. – den achaimenidischen Titel eines „Königs der Könige" und suchten die genealogische Nähe zu ihren angeblichen ‚Vorfahren‘ aus der iranischen Vorläuferdynastie. Auch ideologische Ansprüche gegenüber Rom auf achaimenidische Reichsterritorien sind überliefert. Seit der ersten Hälfte des 2. Jh. v. Chr. ließen sie sich verstärkt auch von hellenistischen Königtumstraditionen beeinflussen: So übernahmen sie etwa in ihren Münzlegenden und Inschriften die bekannten hellenistischen königlichen Epitheta wie *epiphanes* („der Erschienene"), *dikaios* („der Gerechte") oder *philhellen* („der Griechenfreund"), zunächst in bewußter Auswahl und Zusammenstellung, später in eher formelhafter Reihung. Selbst die seleukidische Einrichtung der „Königsfreunde" bei Hofe imitierten sie, ohne daß allerdings das arsakidische Königtum aufs ganze gesehen – ideologisch – zu einer ‚persönlichen Herrschaft‘ des Königs wurde wie bei den Ptolemäern oder Seleukiden; dies verhinderten schon die alten Vorrechte und Einflußmöglichkeiten der großgrundbesitzenden und nach Rangklassen (*megistanes* – *liberi/eleutheroi* [„Freie"]) gegliederten parnischparthischen Aristokratie und der „Verwandten des Königs" (*syngeneis*), die – zusammen mit *sophoi* („Weisen") und *magoi* („Magiern"), im „Königsrat" (*synhedrion/senatus*) saßen. Auch das Privileg der Königskrönung (als Vorrecht des Suren-Clans) und vor allem die faktische wirtschaftliche Unabhängigkeit in seinen Territorien erlaubten dem Hochadel ein nicht unbeträchtliches Maß eigenständiger Politik. Dies bedeutet nun aber nicht, daß der jeweilige König zum Spielball seiner Interessen wurde: Je nach den Persönlichkeiten der Könige, den ihnen zur Verfügung stehenden Machtmitteln (etwa Söldnertruppen), den Ambitionen einzelner Clanoberhäupter oder Angehöriger des Königshauses und in starkem Maße auch je nach der außenpolitischen Situation entschieden sich die Konflikte zwischen König und dem sich auf seine Besitzungen und seine ‚Hintersassen' stützenden Adel zugunsten der einen oder der anderen Seite. Oft genug waren auch die Interessen von König und Aristokratie deckungsgleich, oft genug eröffneten Rivalitäten unter den Clanführern den Königen neue Handlungsmöglichkeiten.

Königliches Verhalten und Auftreten sind aus den Zeugnissen nur schwer zu rekonstruieren; immerhin wissen wir, daß es einen bestimmten Königsornat und bestimmte Herrscherinsignien (wie etwa das Doppeldiadem) gab, daß, wie bei den Achaimeniden, Jagdgesellschaften, Bankette und Empfänge dem König Gelegenheit boten, seine Großzügigkeit unter Beweis zu stellen. Wenig wissen wir auch über die sakrale Form der Herrschaftslegitimation: Einerseits scheint die altiranische Vorstellung vom Gottesgnadentum der Herrschaft weiter existiert zu haben, andererseits stellten sich – wohl unter dem Einfluß des hellenistischen Herrscherkults – die Arsakidenkönige auch als materielle Wesen mit göttlichen Qualitäten vor. Es war in ihrer Zeit, daß die ostiranischen heroischen Stoffe, wegen ihres thematischen Reizes, aber wohl auch wegen ihrer besonders ausgeprägten religiösen Färbung, fast alle übrigen lokalen und regionalen Traditionen verdrängten oder überlagerten, was etwa in der Persis zum Verschwinden genuiner Erinnerung an Meder und Achaimeniden führte; gleichzeitig wurde die epische Tradition in parthischer Zeit erweitert, arsakidische Prinzen und ‚Vasallen' fanden mit ihren ruhmreichen Taten in sie Eingang. Populär machte diese Stoffe der *gōsān*, eine Art parthischer ‚Minnesänger' an den Höfen der Könige und Aristokraten.

,Vasallenkönige', Satrapen, Händler und Soldaten

Dem römischen Autor Plinius d. Ä. stellte sich das Partherreich dar als ein Ensemble von „Königreichen" (*regna*). In dieser Bemerkung mischen sich die richtige Beobachtung von Teilkönigreichen, die in fiskalischer und militärischer Abhängigkeit vom „König der Könige" standen, allerdings auch ein hohes Maß an Autonomie genossen, und die Andeutung, diese Strukturen seien verantwortlich für die Schwäche des Gesamtreiches. Wahr ist, daß die „Teilkönige" zuweilen eigenständige Politik betrieben, wahr ist aber auch, daß das ihnen zugestandene Maß an ,Unabhängigkeit' nicht nur die kulturelle Vielfalt der einzelnen Regionen erhalten half, sondern sich aufs ganze gesehen politisch durchaus bewährte. Daß etwa eine Region wie die Persis, das alte Stammland der Achaimeniden, im materiellen wie literarischen Befund so wenig parthische Prägung aufweist, ist denn auch eher als ein Zeichen der Stärke der Reichsstruktur und der großköniglichen Politik zu werten; eine unruhige Provinz hätte ganz andere Formen der Kontrolle durch die Zentrale verlangt, und diese hätten sich archäologisch ebenso nachweisen lassen müssen wie in der schriftlichen Überlieferung.

Die „Königreiche" des Plinius decken zudem nicht alle Teile des Reiches ab: Neben ihnen standen reichsunmittelbare Gebiete (*praefecturae*), die in achaimenidisch-seleukidischer Tradition von „Satrapen" bzw. „Strategen" verwaltet wurden, sowie Grenzgebiete, deren Schutz „Markgrafen" (parth. *mrzwpn*) anvertraut war. Wie schon erwähnt, besaßen auch die parthischen Großen riesige Ländereien in Iran, so die Suren in Sistan und die Karin in Medien; ob, und wenn ja wie, diese Besitzungen abgabenmäßig erfaßt waren, wissen wir allerdings nicht. Die griechisch-römische Überlieferung kennt Personen, die in Abhängigkeit vom Adel standen. Dabei dürfte es sich bei den *pelatai* um die autochthone parthische Bevölkerung handeln, die zu bestimmten Abgaben und Dienstleistungen für den großgrundbesitzenden Adel der eingewanderten Parner verpflichtet war, bei den *servi/douloi* um Personen, die – noch stärker abhängig – vielleicht als schollengebundene „Hörige" dem parnischen Adel bei seiner Übernahme eroberter Ländereien zugefallen waren; beide Gruppen begleiteten – als Reiter und Leichtbewaffnete – die schwerbewaffneten *liberi* auch auf die Schlachtfelder von Armenien und Medien (gegen Antonius) und Karrhai (gegen Crassus).

Besonders bedeutsam für die gesellschaftliche und wirtschaftliche Entwicklung des Reiches waren die Städte, die alten einheimischen, etwa im Zweistromland, ebenso wie die hellenistischen und parthischen Neugründungen; sie erlebten in aller Regel unter den Arsakiden eine Zeit ökonomischer und kultureller Blüte. Orte wie die Königsresidenz Ktesiphon oder die Großstadt Seleukeia am gegenüberliegenden Tigrisufer sind nur die bekanntesten von ihnen. In Seleukeia-Ktesiphon wurden, für den Bedarf des Reichswestens, die berühmten parthischen Tetradrachmen geprägt, in Ekbatana (Medien), Rhagai (bei Teheran), Hekatompylos und Nisa (in Parthien) das Leitnominale der parthischen Münzprägung, die Drachme nach attischem Standard, in Seleukeia, Susa und Ekbatana darüber hinaus Kupfermünzen für den städtischen Bedarf. Zur Versorgung der Truppen im Kriege arbeitete eine den König begleitende ‚Hofmünzstätte'.

Während wir über die Landwirtschaft des Partherreiches nur höchst unzureichend unterrichtet sind, wissen wir einiges über den Ost-West-Handel, bei dem, über parthisches Reichsgebiet, Waren aus Indien und China entlang der Seidenstraße oder durch den Persischen Golf und Mesopotamien bis an die großen Umschlagplätze am östlichen Mittelmeer transportiert wurden. Während von den Römern mit Hilfe der parthischen und palmyrenischen Zwischenhändler aus Indien vor allem Gewürze, Aromatika und Edelsteine bezogen wurden, aus China die berühmte Seide, lieferten sie selbst nach Osten neben Leinenstoffen vor allem Silbergefäße, Gold und Wein. Die Parther führten aus China dazu das berühmte „serische Eisen" (Stahl) sowie Aprikosen und Pfirsiche ein und exportierten dorthin die „parthische Frucht", den Granatapfel, dazu Weinstöcke, Luzerne und die berühmten nisäischen Pferde aus

Medien, die in China als die „himmlischen Pferde" berühmt wurden.

Besonders schmerzlich erfuhren die Römer zuweilen, wie Crassus bei Karrhai, die Schlag- und Kampfkraft parthischer Heere, die sich vor allem dem eingeübten Zusammenwirken von gepanzerter Kataphrakten- und leichter Bogenschützenkavallerie verdankten. Berühmt-berüchtigt war auch der „parthische Schuß", ein Pfeilhagel, der von den berittenen Bogenschützen rückwärts bei vorgetäuschter Flucht abgegeben wurde.

Kulte und Kulturen

Scheinen auch die Arsakidenkönige und die iranische Elite ihres Reiches persönlich dem zoroastrischen Glauben, in welcher Form auch immer, angehangen zu haben, so waren doch auch alle anderen Kulte erlaubt, ja erfuhren oft genug sogar königliche Förderung. Besonderer Wertschätzung erfreuten sich die Juden an ihren alten Plätzen im Zweistromland, das nach dem Scheitern des Bar Kochba-Aufstandes in Palästina (135 n. Chr.) zu einem Zentrum jüdischer Gelehrsamkeit wurde.

Wie bereits betont, wurden auch im Herrschaftsgebiet der Arsakiden mit ihrer Billigung viele unterschiedliche Sprachen gesprochen, viele verschiedene Schriftsysteme benutzt und viele kulturelle Traditionen gepflegt. Es hat auch hier den Anschein, als wenn gerade in dieser Multikulturalität ein Grund für den Erfolg der Parther zu sehen ist. Bemerkenswert ist auch, wie offen sie selbst diesen fremden Kulturen gegenüberstanden, wie sie sich ihrer Errungenschaften bedienten und, etwa in der Kunst, so zu einem Neuen gestalteten, daß das ‚typisch Parthische' darin nicht leicht zu erkennen ist. Am ehesten verdienen dieses Attribut noch das Prinzip der Frontalität in der plastischen Kunst, Tracht und Schmuck und die Iwane, Ziegelbauten mit rechteckigen Räumen und z.T. gewaltigen Gewölbekonstruktionen, die sich – oft mit plastischer Stuckdekoration überzogen – zumeist an einer Seite zu einem zentralen Hof hin öffneten.

Aus allen diesen Gründen verfangen auch Versuche nicht, die Parther als nur wenig von griechischer Kultur und Kunst beeindruckt und beeinflußt zu erweisen; an ihrem Hof hielten sich griechische Künstler auf und schufen Werke von herausragender Qualität; literarisch und weltanschaulich ambitionierte Untertanen jedweder Herkunft erläuterten den Königen die Traditionen ihrer Völker, die Herrscher selbst machten sich sprachlich wie inhaltlich mit ihnen vertraut und versuchten sich zuweilen gar selbst als Schriftsteller. Es hat allerdings den Anschein, als ob sich die Arsakiden nach der Zeitenwende verstärkt dem iranischen Teil ihres kulturellen Erbes zugewandt hätten; so tritt damals die parthische Schriftsprache im Rechtswesen wie auf den Münzen die Nachfolge des Griechischen an, so scheint man sich nun auch der Bewahrung der zoroastrischen Tradition in besonderer Weise gewidmet zu haben. Bei aller kultischen und kulturellen ‚Toleranz': Richtschnur des *politischen* Handelns der Arsakiden gegenüber ihren Untertanen blieben immer die Prinzipien untertäniger Loyalität und herrscherlicher Superiorität.

V. Persien unter der Dynastie der Sasaniden (224–651 n. Chr.)

Die Überlieferung

Anders als die Arsakiden geben uns die Sasaniden, ähnlich ihren achaimenidischen „Vorfahren" (s. S. 112), in reichem Maße Auskunft über ihre Herrschaftsauffassung, ihr Auftreten in der ‚Öffentlichkeit' und ihre innen- wie außenpolitischen Ziele. Aus ihren drei-, zwei- oder einsprachigen *Inschriften* (des 3. Jh.), von denen die *res gestae* Šabuhrs I. (ŠKZ) oder die Inschrift des Diokletian-Gegenspielers Narseh aus Paikuli (NPi) wohl die bedeutsamsten sind, erfahren wir nicht nur einiges über die Auseinandersetzungen mit Rom (ŠKZ) bzw. mit dynastischen Feinden (NPi), sondern auch manches über den frühen

Sasanidenhof und seine Funktionsträger, die männlichen und weiblichen Mitglieder des Herrscherhauses und vor allem über die Herrschaftslegitimation und Herrscherrepräsentation der Könige. Daß Šabuhr seinen Tatenbericht an der Ka'ba-i Zardušt in Naqš-i Rustam anbringen ließ (Abb. 4), kommt nicht von ungefähr: Dieses Gebäude hatte bereits in vorsasanidischer Zeit spezifische – von uns allerdings nicht bestimmbare – Bedeutung gehabt, und es stand an einem Platz, an dem sich die – den Sasaniden allerdings nicht mehr namentlich bekannten – Achaimeniden in Felsgräbern und Reliefs verewigt hatten. Auch die Dreisprachigkeit der Inschrift – Mittelpersisch, Parthisch und Griechisch – ahmt die „Vorfahren" nach, ist zugleich Hinweis auf die von den Arsakiden übernommene Sprachenpolitik, bei der jedoch das Mittelpersische das Parthische als erste offizielle Königssprache verdrängt hatte. Narseh legt in seiner mittelpersisch-parthischen Bilingue am Monument von Paikuli in Iraqi-Kurdistan Rechenschaft ab über die Auseinandersetzung mit seinem Rivalen Vahram III. und die – wohl dort vollzogene – Anerkennung (und Krönung) durch die Großen des Reiches. Weitere wichtige Inschriften, ebenfalls aus dem 3. Jh., haben – außer den Königen – nur der mächtige Mobad („Priester") Kirdir, der Gouverneur von Bišapur (Veh-Šabuhr) und der Funktionär Abnun hinterlassen: Während Kirdir vor allem an der öffentlichen Darstellung seiner Karriere, seiner (religionspolitischen) Maßnahmen und seiner religiös-spirituellen Qualitäten interessiert ist, verdanken wir der Inschrift aus Bišapur den Hinweis auf eine sasanidische Ära, die ab 205/06 n. Chr. rechnete, bestätigt Abnun den Sieg seines Königs Šabuhr (I.) bei Misiche (244) über die Römer.

Zur sekundären Tradition zählen die zeitgenössische, aber iranferne griechisch-lateinische, die zumeist spätere einheimisch-syrische (christliche) und die manichäische Überlieferung. Unter den *westlichen Autoren* ragen für die Frühzeit Cassius Dio und der z.T. auf ihm beruhende Herodian heraus. Im vierten Jahrhundert treten der zuverlässige Augenzeuge Ammianus Marcellinus und die mit großer Vorsicht zu benutzenden Kaiserviten der Historia Augusta hinzu. Allen Autoren

ist gemeinsam, daß sie vor allem an den militärischen Auseinandersetzungen zwischen Römern und Sasaniden interessiert
sind; trotz dieses Umstandes und der Voreingenommenheit gegenüber dem Feind ist manches Detail in ihren Darstellungen
auch wichtig für die Rekonstruktion der inneren Verhältnisse
im Sasanidenreich. Prokop, der als Vertrauter des byzantinischen Feldherrn Belisar über die Kriege gegen die Perser im
6. Jh. berichtet, sein historischer und formaler ‚Fortsetzer‘
Agathias, der Einblick in die sasanidischen Archive gehabt
haben will, aber etwa auch Zosimos (Ende 5./Anfang 6. Jh.),
Johannes Malalas (gest. ca. 570), Menandros Protektor
(6./7. Jh.) sowie Theophylaktos Simokattes (gest. ca. 630) sind
byzantinische Zeugen der oströmisch-sasanidischen Kontakte.

Innerhalb der *christlich(-syrisch)en* *Überlieferung* geben
zahlreiche Märtyrerakten, bei allen hagiographischen Verzer-
rungen, Aufschluß über die Frühgeschichte der Christenheit im
Sasanidenreich, ihr Selbstverständnis und die Religionspolitik
der Herrscher. Wertvolle Hinweise verdanken wir auch Chroniken (Chronik von Arbela, Chronik von Seʿert [arab.], Josua
Stylites [6. Jh.]) und Kirchengeschichten mit z.T. erstaunlich
exakter Chronologie und hohem Zeugniswert. Was die *manichäische Überlieferung* angeht, so haben uns die koptischen
Originalschriften der Manichäer aus Mittelägypten, die umfangreichen mitteliranischen, alttürkischen und chinesischen
Textfunde von der Seidenstraße und nicht zuletzt auch Funde
in Papyrus- bzw. Pergamentsammlungen („Kölner Mani-Ko-
dex [CMC]“) glücklicherweise in die Lage versetzt, das Leben
und die Lehre Manis, die frühe Missionsgeschichte der Manichäer und ihr Verhältnis zu den sasanidischen Autoritäten
nicht mehr nur aus dem Blickwinkel ihrer Gegener sehen zu
müssen. Die *armenischen Historiker* mit ihrer oft genug sasa-
nidenfeindlichen Tendenz und ihren spezifischen Überliefe-
rungsproblemen sind zur Rekonstruktion sasanidischer Verhältnisse nur mit äußerster Vorsicht zu benutzen.

In spätsasanidischer oder gar islamischer Zeit entstanden
mittelpersische Texte, die sich entweder als kommentierende
Literatur am Avesta orientieren oder mit ihrer epischen Form

bzw. als Sängerpoesie in den höfischen Zusammenhang gehören. Am Ende der Regierungszeit Husravs II. (590–628) entstand so etwas wie eine ‚Iranische Nationalgeschichte' in Form des *Xvadāy-nāmag* („Herrenbuchs"), eine offiziöse Geschichte Irans vom ersten Weltkönig Gayomard bis zur Regentschaft Husravs. Wohl auch zur Befriedigung des untertänigen Bedürfnisses nach Erinnerung an die glorreiche Vergangenheit Irans angesichts einer eher bedrückenden Gegenwart gedacht, orientiert sich diese nur in Auszügen, Übersetzungen und späteren Bearbeitungen erhaltene Geschichte an den Regierungszeiten von fünfzig Königen und Königinnen und ist durch bestimmte ‚Sagenkreise' bestimmt. Interessant ist, daß dabei ‚heroische' Zeiten in der Regel von Perioden abgelöst werden, in denen Seher, heiligmäßig lebende Personen oder ‚Propheten' ethisch-moralische Fragen aufwerfen und die Kriege in den Hintergrund treten lassen. Gattungsmäßig stellt sich die ‚Nationalgeschichte' damit dar als eine Mischung aus heroischen Stoffen, Sprüchen von Königen und ‚Weisen', priesterlichen Streitgesprächen, philosophischen Betrachtungen, moralischen Vorschriften, königlichen Testamenten und Thronreden, in denen immer wieder auf Fragen von Gerechtigkeit, Religiosität und vorbildhaftem Lebenswandel abgehoben wird. Das „Herrenbuch" war aber nicht nur offiziöses ‚Geschichtsbuch', sondern auch Instrument literarischer Unterhaltung und sozialer Erziehung. Es sollte die moralischen und politisch-sozialen Ideale bzw. Untertanentugenden verkünden, auf die die Sasanidenkönige ihre Herrschaft gegründet sahen und mit deren Hilfe sie überdauern sollte. Die Lebensgeschichten von Königen, Helden und ‚Weisen' bildeten den Hintergrund, vor dem solche Ideale veranschaulicht werden konnten; dabei war die Unterscheidung zwischen Mythos, Sagenstoff und historischem Faktum zweitrangig.

Obgleich aus sasanidischer Zeit erheblich mehr Schrifttum erhalten ist als aus parthischer, ist doch auch hier der Überlieferungsausfall erheblich gewesen. Viele Werke gingen bei der Eroberung Irans durch die Muslime oder bei späteren Invasionen verloren, andere wurden durch religiöse Eiferer ‚indiziert', wieder andere fanden in späteren Zeiten nicht mehr das Interesse, das nötig gewesen wäre, sie zu bewahren. Von der Fülle und Breite des sasanidischen Schrifttums geben arabische und neupersische Übersetzungen und Bearbeitungen sowie bibliographische Zusammenstellungen und Notizen nur einen schwachen Eindruck: Immerhin weiß man, daß die mittelpersische Literatur (neben dem religiösen Schrifttum) historische, geographische, didaktische und astronomische Werke, Bücher über Landeskunde wie Reisebeschreibungen, Titel über gutes Benehmen und Etikette, Rechtsbücher, historische Romane und Romanzen, volkstümliche Unterhaltungsliteratur und anderes mehr umfaßte.

Solcher späten mittelpersischen Tradition verdankt die *perso-arabische Historiographie* (Tabari u. a.) ihre Kenntnis des sasanidischen Iran. Allerdings ist im Einzelfall zu untersuchen, wie weit ihr Wissen zurückreicht und ob Informationen nicht im Rahmen der Bearbeitung organisch umgestaltet oder den Bedürfnissen der muslimischen Sicht von Heilsgeschichte angepaßt wurden.

Den bereits besprochenen sasanidischen Inschriften sind zuweilen – räumlich wie thematisch – künstlerisch beeindruckende *Reliefs* beigeordnet, die gleichfalls vor allem im 3. und 4. Jh. in Auftrag gegeben wurden. Zumeist ist auf ihnen die Investitur von Königen (durch die Götter) dargestellt, doch finden sich auch Triumphreliefs und solche, die den König thronend oder mit Gefolge abbilden. Unter den Siegesreliefs machen die dreiszenige Darstellung der Schlacht von Hurmuzğan zwischen Ardaxšir I. und Artabanos IV. (Abb. 6) sowie die fünf Triumphreliefs Šabuhrs I. (mit den römischen Kaisern Gordian III., Philippus Arabs und Valerian als ‚Opfern‘) den meisten Eindruck, unter den Investiturreliefs die beiden Ardaxširs I. aus Naqš-i Rustam und Naqš-i Rağab. Der ‚Priester‘ Kirdir konnte es nicht lassen, auch durch die Abbildung seiner Büste auf sich aufmerksam zu machen. Nach langem felsbildlosem Intervall, in dem Silbergefäße und -schalen in der herrscherlichen Repräsentationskunst die Rolle der Reliefs übernahmen, ließ sich dann vor allem wieder Husrav II. in Stein verewigen: Die Reliefs im großen Iwan von Taq-i Bustan in Medien (bei Kirmanšah) zeigen ihn als göttlich erwählten Herrscher und guten Reiter sowie im Zentrum der Jagd auf Wildschweine (Abb. 7) und Hirsche.

Eindrucksvoller noch als die beiden *Kolossalstatuen* Šabuhrs I. und Husravs II., seltene Exemplare sasanidischer Skulpturkunst, sind die *Stadtanlagen und Paläste, Sakralbauten, Brücken und Dämme* aus jener Zeit. Unter den Städten sind die kreisrunde Anlage von Ardaxšir Xvarrah (Gur) in der Ebene von Firuzabad aus der Zeit des Dynastiegründers, die Hauptresidenz seines Sohnes Šabuhr, Veh-Šabuhr (Bišapur), beide in Fars gelegen, sowie Ġundaisabur (mittelpers. Veh-Andiyok-Šabuhr/syr. Bet Lapat) in der Nähe von Susa erwähnenswert, ein Platz, der zugleich ,Hochschulstandort', Zentrum der persischen Seidenmanufaktur und Mittelpunkt der Christen Xuzistans war. Von den Palästen der Könige machen noch heute die beiden frühen Wohnsitze Ardaxširs I., der Palast Šabuhrs I. aus Bišapur mit seinen nach römischem Vorbild gestalteten Mosaiken sowie der spätsasanidische Residenzbau von Ktesiphon am Tigris bzw. dessen einzig erhaltener monumentaler Iwanbogen den größten Eindruck. Viele der etwa zwanzig heute noch sichtbaren sasanidischen Brücken und Dämme wurden von römischen Kriegsgefangenen errichtet; das wichtigste Heiligtum der späteren Sasanidenzeit haben deutsche Ausgräber mit dem Taxt-i Sulaiman in Azarbaiǧan freigelegt.

Genannt werden sollten schließlich noch die Erzeugnisse der sasanidischen *Seiden- bzw. Textilmanufaktur*, die *Kameen*, *Gläser* und Beispiele des berühmten sasanidischen *Stuckdekors*; historisch bedeutsamer sind allerdings die *Siegelsteine* und *Bullen*, die sasanidische Funktionäre mit ihren Namen, Titeln und Aufgabenbereichen vorstellen, sowie die *Münzen*, die in der Regel auf der Vorderseite jeweils den Herrscher mit der je eigenen, unverwechselbaren Krone und Legende abbilden, auf der Rückseite einen Feueraltar (mit Assistenzfiguren). Gold- und Kupfermünzen waren nicht sehr häufig in Umlauf; die meisten Stücke sind aus (dünnem) Silber geprägt. Haupt-

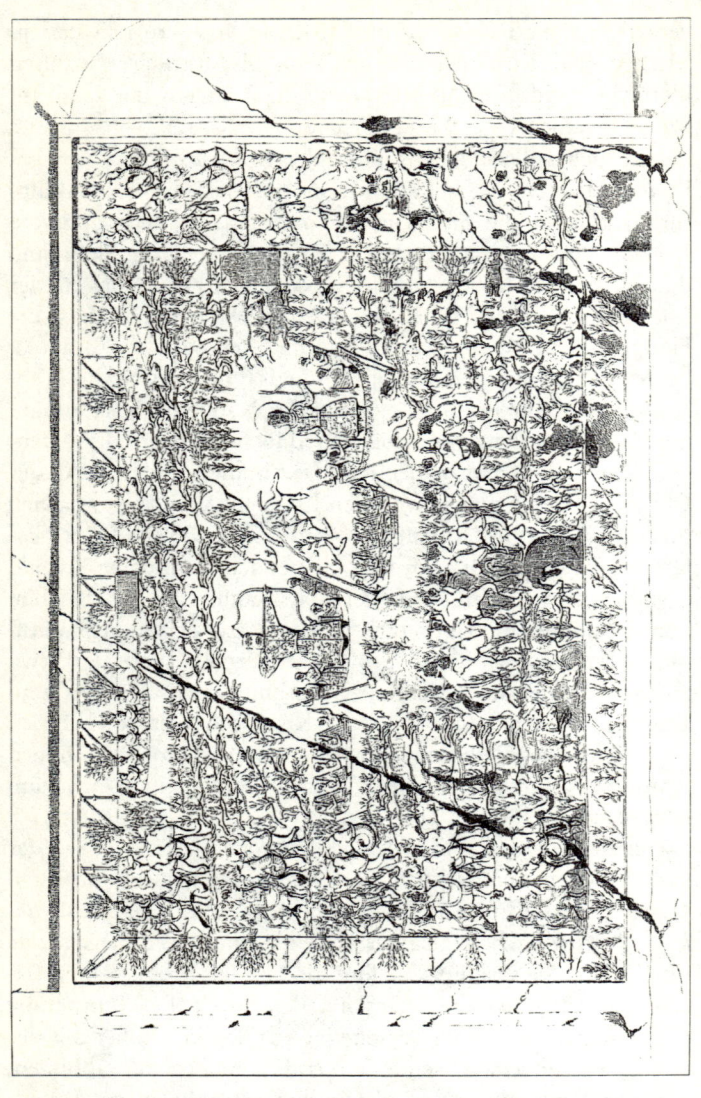

Abb. 7: Die königliche Wildschweinjagd von Taq-i Bustan aus der Zeit
Husravs II. (Zeichnung des Reliefs von E. Flandin)
(nach E. Flandin/P. Coste, *Voyage en Perse*, Paris 1851)

nominale war, wie bei den Parthern, die Drachme mit einem Gewicht von 4 gr.; unter Šabuhr II. begann ihre Massenprägung, die ihre Ursache in der Anwerbung von Söldnern aus Mittelasien gehabt haben könnte. Münzstätten- und Münzämternennungen kommen vor, sind aber in Zahl und Art nur schwer rekonstruierbar; Jahresangaben werden ab Kavad I. kanonisch. Ein Problem für sich sind die sog. ‚kušano-sasanidischen Münzen‘, also die Emissionen der sasanidischen Gouverneure in den Gebieten des ehemaligen Kušan-Reiches, bei denen sich bis heute höchst unterschiedliche Datierungsversuche gegenüberstehen.

Sasanidische Geschichte von Ardaxšir I. bis Yazdgird III.

Wie für die Parther, so sind wir auch für die Sasaniden nur sehr begrenzt über ihre außenpolitischen Ziele und Unternehmungen unterrichtet, am ehesten noch über solche an der Westgrenze: In der Regierungszeit des Reichsgründers Ardaxšir (224–239/40?) gelangten – bis auf Armenien – alle Gebiete des ehemaligen Partherreiches in sasanidische Hand, und schon unter ihm ist die offensive Politik gegenüber Rom erkennbar. Erfolgreicher als sein Vater war dabei allerdings Šabuhr (I.) (240–271/72), dessen Kriegszüge nicht nur Armenien betrafen, sondern sogar das Römische Reich in den Grundfesten erschütterten – immerhin drangen seine Heere vorübergehend bis nach Antiocheia und Kappadokien vor, fiel mit Valerian auch zum ersten Mal ein römischer Kaiser in Feindeshand. Trotz aller späteren Rückschläge (etwa gegen Odainath von Palmyra) reichte Šabuhrs Herrschaftsgebiet, wenn man seinem Tatenbericht glauben darf, dann immerhin noch vom Zweistromland im Westen bis Peschawar im Osten. Thronstreitigkeiten und die ihrerseits aggressive Ostpolitik Diokletians bescherten am Jahrhundertende den Sasaniden für mehrere Jahrzehnte den Verlust von Gebieten östlich des Tigris und von Armenien; den „Schmachfrieden von Nisibis" (297/8) konnte erst Šabuhr II. vegessen machen, als er nach langen Kämpfen nicht nur Iulian Apostata vor Ktesiphon abzuwehren, sondern – militärisch wie diplomatisch – Iulians Nachfolger Iovian große Teile der verlorengegangenen Gebiete wieder abzuringen vermochte (363). In Verbindung mit diesen Kriegen kam es im Sasanidenreich zu schweren Verfolgungen der Christen, die, christologisch nicht von den Glaubensgenossen im Westen geschieden, nach der „konstantinischen Wende" vom Kaiser in Rom als seine Schutzbefohlenen, von den sasanidischen Autoritäten dagegen als Parteigänger der Römer angesehen wurden. 387 wurde auch der östliche Teil Armeniens wieder sasanidisch.

Mehr als die Römer, mit denen man 408/9 zu einer beide Seiten befriedigenden Regelung fand, machten in den nächsten hundert Jahren den Sasaniden die Hephthaliten oder ‚Weißen Hunnen' zu schaffen, Völkerschaften, die aus der Dsungarei nach Mittelasien vorgestoßen waren und nun u.a. Sogdien, Baktrien, den Westen des Tarimbeckens und Nordwestindien beherrschten. König Peroz wurde von ihnen zweimal so vernichtend geschlagen (465/484) und in tributäre Abhängigkeit gezwungen, daß, in der Folge von Hungerkatastrophen, das Reich an den Rand auch des inneren Zusammenbruches geriet: Es kam zu Volkserhebungen, die sich, beeinflußt von den ethisch-religiös begründeten Forderungen eines Mannes namens Mazdak nach gleichmäßiger Verteilung des Besitzes, vor allem gegen den grundbesitzenden Adel richteten, dem große Teile der nichtstädtischen Bevölkerung dienst- und abgabenpflichtig waren. Nach anfänglicher Unterstützung durch König Kavad I., die zu seiner vorübergehenden Entmachtung durch die Aristokratie führte (496), wurden die revolutionären Erhebungen dann jedoch durch eben jenen Herrscher und seinen Sohn Husrav I. blutig niedergeschlagen. Beide nutzten die Schwächung des Adels zu grundlegenden sozialen, wirtschaftlichen und militärischen Reformen: Der Grundbesitz wurde aufgezeichnet, eine feste Grundsteuer statt einer wechselnden Ertragssteuer eingeführt; nach einer Volkszählung wurde zudem die Kopfsteuer neu festgesetzt, nach Vermögensklassen gestaffelt. Das Reich wurde in vier Heeresbezirke eingeteilt, besondere Verbände übernahmen Kontroll- und Grenzsicherungsaufgaben. Im Interesse des Königs waren auch die Schaffung einer neuen Hof- und Amtselite, die ihre Privilegien allein königlicher Gunst und nicht mehr Name und Abkunft verdankte, und die Förderung des niederen grundbesitzenden Adels.

Von der Basis innenpolitischer Ruhe und Stabilität aus wurde Husrav auch außenpolitisch aktiv: Er brach 540 den mit dem oströmischen Kaiser Iustinian geschlossenen „ewigen Frieden"; beim erneuten Abkommen mit Byzanz 562 wurde die schon 532 vereinbarte Tributzahlung noch einmal erhöht. Auch durch die Eroberung Südarabiens und die Vertreibung der mit Byzanz verbündeten Aksumiten (Äthiopier) von dort schwächte er indirekt die Stellung des Gegners im Westen. Im Osten gelang es ihm um 560 sogar, das Hephthalitenreich mit Hilfe der Westtürken zu vernichten. Die Regierungszeit Husravs I. war auch kulturell der Höhepunkt sasanidischer Reichsgeschichte: Unter dem vielseitig interessierten Herrscher wurde Iran zur Drehscheibe ost-westlichen Wissensaustausches. Doch schon unter Husravs Sohn Hormizd IV. (nach 579) kam es zu erneuten Auseinandersetzungen zwischen König und Aristokratie; schwere Kämpfe mit den Türken erschwerten die Lage zusätzlich. Das Blatt schien sich – innen- wie außenpolitisch – erneut zu wenden, als Hormizds Sohn Husrav II. mit oströmischer Hilfe den Aufstand des Thronprätendenten Vahram Čobin niederschlagen und – im Kampf gegen Byzanz – bis nach Ägypten (619) und vor die Tore Konstantinopels (626) gelangen konnte; aus Jerusalem wurde im Jahre 614 das Kreuz Christi nach Ktesiphon weggeführt. Der Gegenschlag des oströmischen Kaisers Herakleios zwang die Sasaniden jedoch zur Aufgabe der eroberten Gebiete. Husrav II. selbst wurde durch eine Adelsrevolte gestürzt und ermordet (628). Nach einer Phase der Anarchie mit häufig wechselnden Regentschaften wurde Yazdgird III. durch die Adelspartei des Rustam auf den Thron gebracht; dieser letzte Sasanidenkönig war allerdings nicht in der Lage, das durch Kriege und partikuläre Interessen geschwächte Reich gegen die aus Arabien eindringenden muslimischen Heere zu behaupten: Nach Niederlagen bei Qadisiyya (636) im Irak und Nihavand in Medien (642) zog sich

Yazdgird nach Ostiran zurück, wurde dort aber in Merv ermordet. Das Sasanidenreich wurde zum Bestandteil des Reiches der Kalifen.

„Der König der Könige von Iran und Nichtiran" und seine Untertanen

Im Gegensatz zu den Parthern bestimmte von Anfang an eine dezidiert iranische Ausprägung die sasanidische Vorstellung vom Herrscher und seinen Qualitäten: Als „König der Könige von Iran" setzte sich Ardaxšir über alle anderen Dynasten von Ērānšahr, sein Sohn Šabuhr bezog sogar die neueroberten Gebiete (Anērān = „Nichtiran") und ihre Fürsten mit ein. Auch die Sasaniden stellten sich als Könige mit göttlichen Qualitäten (mittelpers. *bayān*) vor und als Abkömmlinge und Werkzeuge der Götter (*yazdān*); aus Dankbarkeit für ihre Gunstbezeugung übernahmen sie die Pflege des zoroastrischen Kultes, erwiesen den Priestern Wohltaten, stifteten Feuer und vermehrten damit die Stätten der Götterverehrung. Feuer wurden auch als ‚Königsfeuer' und für das Seelenheil lebender wie verstorbener Mitglieder des Königshauses gestiftet. Ihre Legitimität bezogen die einzelnen Herrscher neben ihrer Abkunft durch den uns schon von den Parthern bekannten „Glücksglanz" (mittelpers. *xvarrah*), durch ihren persönlichen Einsatz im Kriege und bei der Jagd, die Dynastie insgesamt durch Rückbezug auf die früheren Clanoberhäupter und die den Sasaniden namentlich unbekannten historischen Könige Irans (die Achaimeniden), die sie als ihre „Vorfahren" (griech. *pappoi*) bzw. ihre „Urahnen" (griech. *progonoi*) bezeichneten. Später schlossen sie sich sogar an die mythischen Urkönige Irans an und wurden so, in der durch sie maßgeblich bestimmten ‚Iranischen Nationalgeschichte' (s. S. 105), neben ihnen und den historisch gleichfalls nicht verifizierbaren ostiranischen Kayaniden, zu *den* iranischen Herrschern *par excellence*. In den Epen Firdausis und Nizamis leben sie genauso weiter wie in den islamischen Chroniken oder der volkstümlichen Unterhaltungsliteratur. Ihre eigene Legende schufen sich die Sasaniden nicht zuletzt auch auf Kosten der Arsakiden, deren legitimer Anteil an der Erfolgsgeschichte Irans von ihnen bewußt beschnitten wurde.

Auch die Sasaniden kannten (wie die Parther), zumindest in der Frühzeit, einen aristokratischen „Rat des Königs", der sich aus den Häuptern der alten parthischen und neuen südwestiranischen (d. h. persischen) Clans zusammensetzte und die Thronfolgeregelung zu bestätigen hatte; auch eine besondere Verehrung des Reichsgründers ist bei ihnen zu beobachten. Die Königsinschriften der Frühzeit unterscheiden vier genau bestimmte ‚Gruppen' von Aristokraten: die (mittelpers.) *šahrdārān* (regionale Dynasten und mit der Herrschaft über wichtige Reichsteile betraute Königssöhne), die *vāspuhragān* (wohl Mitglieder des Sasanidenclans ohne direkte Abkunft vom Herrscher), die *vuzurgān* (Häupter der wichtigsten Adelsgeschlechter sowie weitere Angehörige des Hochadels) und die *āzādān* (die übrigen edlen Iraner). Der Rang eines parthischen oder persischen Adligen war lange von der Gunst des Königs unabhängig, verdankte sich, samt der äußeren Zeichen seiner Würde (Tiaren mit wappenartigen Symbolen, Gürteln, Ohrringen), vor allem Name und Abkunft und war damit Zeichen seiner politischen wie wirtschaftlichen Sonderstellung. Dies änderte sich erst in der Spätzeit, vor allem durch die Reformen Husravs I., die nicht nur die unmittelbare Besteuerung des Landes auf die Ländereien des grundbesitzenden Adels ausdehnten, sondern mit der neuen Ordnung für Hof, Adel und Heer (zumindest für kurze Zeit) die Stellung des Herrschers gegenüber der Aristokratie grundlegend neu bestimmten. Es war dies die Zeit, in der die Könige auch besonderen Wert auf die Erziehung der jungen Aristokraten bei Hofe und auf ein immer elaborierteres Hofzeremoniell legten. Bereits in den iranischen Zeugnissen des 3. Jahrhunderts wird auch den weiblichen Angehörigen des Königshauses ein besonderes Maß an Achtung und Aufmerksamkeit zuteil. Dabei ist etwa ein Titel wie der der „Königin der Königinnen" (mittelpers. *bāmbišnān bāmbišn*) Ausweis des besonderen Ranges der Trägerin, nicht Zeichen einer von den Königen praktizierten sehr engen, inzestuösen Form der „Blutsverwandtenehe", die uns aus dem sasanidischen Iran durchaus geläufig ist. Neben dem Adel kam auch den religiösen Würdenträgern im Reich eine besondere Bedeutung zu; diese – zoroastrischen – ,Priester' (*mōbads, hērbeds*) waren dabei nicht nur Experten in Glaubensfragen (etwa durch die Pflege der religiösen Tradition), sondern auch in Verwaltungs- und Rechtsangelegenheiten (als *dādvars*, „Richter"); die Christen etwa lernten sie als unnachsichtige Richter in ihren Prozessen kennen. Eine regelrechte Amtshierarchie wurde dabei – nach dem Vorbild der monarchischen Gewalt – erst ab dem 4. Jh. ausgebildet, vom „Oberhaupt der *mōbads*" (syr. *rēš mauḫpātē*) an der Spitze bis zu den einfachen Amtsinhabern vor Ort. Zu den ,Mittelschichten' im Reich sind wohl die niederen staatlichen Funktionäre auf lokaler Ebene ebenso zu zählen wie die Handwerker und Händler in den Städten, dazu Spezialisten wie Heilkundige, Astronomen, ,Wissenschaftler' und ,Sänger' sowie das spezialisierte Dienstpersonal am Königshof und auf den Gütern des Adels. Die Masse der Bewohner Irans stellte die bäuerliche Bevölkerung, wobei die jahrhundertelang (vom Adel) abhängigen ,Hintersassen' in besonderem Maße von den Reformen Husravs profitierten, indem sie zu freien Bearbeitern der eigenen Scholle aufstiegen. Obgleich rechtlich als ,Sache' definiert, wurden Sklaven im Sasanidenreich doch auch als menschliche Personen angesehen, was sie von anderem Besitz unterschied und zugleich vor allzu grausamer Behandlung schützte. Vor Verkauf, Vermietung oder Verschenkung bewahrte dies alles nicht, und auch die von Sklaven erwirtschafteten Güter gehörten ihren Besitzern.

Aus den spätsasanidischen Rechtsbüchern erfahren wir auch einiges über ,Haushalt und Familie' in jener Zeit: Dabei waren die Angehörigen des Hauses, die zugleich einen Rechtsverband, eine Herstellungs- und Verbrauchseinheit sowie eine kultische Gemeinschaft bildeten, durch eine Fülle von Bestimmungen und Verpflichtungen miteinander verbunden, deren Kontrolle zumeist dem *kadag-xvadāy* (dem „Herrn des Hauses") oblag. Detaillierte Bestimmungen kennzeichnen auch das Ehe-, das Erb- und das Sachen- und Obligationenrecht.

,Teilkönige', Satrapen, Handwerker, Händler und Soldaten

In den sasanidischen Königsinschriften des 3. Jahrhunderts, aber etwa auch in den Siegellegenden aus späterer Zeit werden eine Fülle von Würdenträgern und Funktionären genannt, so z.B. die ,Teilkönige' (mittelpers. *šāh*) in bestimmten Regionen des Reiches, etwa in Armenien und Mesene, die „Satrapen" (*šahrab*) in weiteren ,Provinzen' (*šahr*) und die Funktionäre an ihrer Seite sowie in den ,Bezirken' und vor Ort. Auch der Hof des Königs kannte zu allen Zeiten zahlreiche Amtspersonen, Titel- und Würdenträger, im administrativen, im militärischen und im pädagogisch-beratenden Bereich ebenso wie im zeremoniellen und kultischen. Wie bereits betont, waren die meisten von ihnen nach der Reform Husravs allein dem König verpflichtet und vertraten nicht länger die Interessen ihrer ,Häuser'. Während in der sasanidischen Frühzeit Teile des Landes der unmittelbaren Königsgewalt unterstanden und sich bei anderen, die sich im Besitz der Aristokratie befanden, königliche Kontrolle (Erhebung von Steuern, Aufforderung zur Heeresfolge) nur mittelbar auswirken konnte, während die Herrscher damals auch nur auf „Königsland" Städte gründen konnten, ermöglichte die Schwächung des Adels in den Volkserhebungen des ausgehenden 5. Jahrhunderts den Königen die Umwandlung von Adels- in Königsland. Die fiskalischen Reformen Husravs I. mit ihrer Festlegung von Kopf- und Grundsteuersätzen (arab. *ǧizya* bzw. *ḫarāǧ*) führten dabei, allerdings nur vorübergehend, zu einer zusätzlichen Stärkung der Königsgewalt sowie einer Entspannung auch an der ,Haushaltsfront' und eröffneten dem König so neue innen- und außenpolitische Handlungsspielräume. Die Förderung von Wissenschaft, Kunst und Literatur, aber auch die Erneuerung der Frontstellung gegen Byzanz werden nur so verständlich.

Wie in fast allen antiken Staaten war auch im sasanidischen Iran die Landwirtschaft die maßgebliche Wirtschaftsform. Daneben fanden zahlreiche Untertanen des „Königs der Könige" ihr Auskommen im Gewerbe, in königlichen ,Werkstätten' ebenso wie in eigenen Kleinbetrieben. Bei vielen im Auftrag des

Königs tätigen Facharbeitern handelte es sich um Personen, die unter Šabuhr I. oder Husrav I. aus Syrien und anderen Regionen deportiert und im Iran neu angesiedelt worden waren, oder um deren Nachkommen. Staatlich rekrutierte Arbeitskräfte oder Kriegsgefangene arbeiteten in der Textilindustrie Xuzistans, aber auch im Baugewerbe sowie als Schmiede, Schlosser und Färber. Die von römischen Kriegsgefangenen errichteten Brücken, Dämme und anderen Irrigationswerke sind noch heute eindrucksvoll.

Wie die Parther waren auch die Sasaniden Vermittler eigener oder fremder Erzeugnisse von West nach Ost oder Ost nach West; wie diese pflegten sie den Kontakt nach Indien auf dem Seewege und nach China auf dem Landwege, wobei Byzantiner und Sasaniden immer wieder nach Wegen suchten, sich auf Kosten der jeweils anderen eigene Handelsvorteile zu verschaffen. Auch in Ausrüstung und Taktik ihrer Truppen orientierten sich die Sasaniden lange Zeit am parthischen Vorbild, vor allem beim Zusammenwirken von schwergepanzerter und Bogenschützenreiterei; Experten wurden sie aber auch, hier das römische Beispiel imitierend, auf dem Gebiet der Poliorketik. Gefechte wurden zumeist durch den geballten Angriff der Kavallerie entschieden, der vom Pfeilhagel der Bogenschützen begleitet wurde. Im Zentrum, in der Nähe des Reichsbanners, hielten sich der König oder der Befehlshaber auf, von Elitetruppen geschützt. Diese Aufstellung war, neben der mangelnden Ausdauer der Perser im Nahkampf, der Grund für manche Niederlage der Sasaniden: Floh oder fiel der Kommandeur, gaben auch die Soldaten den Kampf verloren. Auch die Panzerreiter fanden schließlich ihren Meister in den leichtbewaffneten und beweglichen Reitern der muslimischen Heere.

Kulte und Kulturen

Auch das Sasanidenreich war durch eine Vielfalt von religiösen Großgruppen und Gemeinschaften gekennzeichnet; unter ihnen ragen die im Iran seit Jahrhunderten beheimateten Zoroastrier, aber auch Christen, Juden, Manichäer und Mazdakiten heraus. Christen hatten sich – in geringer Zahl – zwar schon ab dem Ende des 2. Jahrhunderts in Mesopotamien niedergelassen, doch bildeten erst die Deportationen von römischen Reichsbewohnern aus Syrien die Voraussetzung für ein Aufblühen christlicher Gemeinden. Nach dem Ende der Christenverfolgungen und im Zuge der christologischen Streitigkeiten im Imperium Romanum wurde das Sasanidenreich dann vor allem ab dem 5. Jahrhundert Zufluchtsort für manche religiös bedrängten Christen aus dem römischen Osten (Nestorianer, Monophysiten u. a. m.). Die Juden mit ihren alten Zentren in Mesopotamien blieben – von wenigen Gelegenheiten abgesehen – als loyale Untertanen der Könige von Verfolgungen unbehelligt; auch dadurch wird erklärlich, daß sich in den großen rabbinischen Schulen des Zweistromlandes der Prozeß der Kommentierung und Interpretation der Mischna vollziehen konnte, der schließlich Ende des 6./ Anfang des 7. Jahrhunderts in die Edition des „Babylonischen Talmuds" mündete. Die Manichäer schließlich, von dem noch als parthischer Untertan 216 n. Chr. in Mesopotamien geborenen, dann aber im Reich der Sasaniden und darüber hinaus missionierenden Stifter Mani als Glaubensgemeinschaft begründet, wichen nach dem Tode des Propheten im sasanidischen Gefängnis in die römischen Ostgebiete, nach Arabien und vor allem, längs der Seidenstraße, weit nach Osten aus und wurden dort zu ernsthaften Konkurrenten von Zoroastriern, Christen, Buddhisten und Muslimen um die Herzen der religiös Suchenden.

Lange hat man versucht, der in religiös-kultischen Dingen ‚toleranten' Arsakiden- eine ‚intolerante' Sasanidenherrschaft gegenüberzustellen, in der eine zoroastrische „Staatskirche" und ein in religiösen Angelegenheiten unflexibler König in einem Bündnis von ‚Thron und Altar' zum Schaden der nichtzoroastrischen Gemeinschaften zusammenwirkten. Heute weiß man, daß der sasanidische Iran zwar in einem Ausmaß zoroastrisiert war wie nie zuvor in seiner Geschichte, und daß die Könige sich als Förderer dieses Glaubens gerierten, daß aber für die religiöse und soziale Identität der Könige und ihrer Untertanen sowie für ihre Beziehungen untereinander ähnliche

Faktoren eine Rolle spielten wie im Imperium Romanum: die persönliche Glaubensüberzeugung einzelner Herrscher, mehr aber noch die allgemeine innen- und außenpolitische Lage und die politische – auch religionspolitische – Reaktion der Könige darauf. Wirksam war auch der Konflikt zwischen der zoroastrischen Priesterschaft, für die Iranismus und Zoroastrismus zusammenfielen, und den auf Universalität angelegten und nun tatsächlich auch universalen Glaubensrichtungen der Christen und Manichäer. Es war ein Konflikt, der im Bereich der Tradition auch als Streit zwischen den „Leuten des Buches" und den Angehörigen der bis zum 5. Jahrhundert allein mündlich vermittelten Heilslehre Zarathustras in ihrem sasanidischen Gewande zu beschreiben ist, im Selbstverständnis der Betroffenen als Auseinandersetzung zwischen dem „Volk Gottes" (Christen) bzw. den *electi* und *auditores* (Manichäer) und den bei allem auch auf das Heil des Staates bedachten zoroastrischen ‚Priestern' erscheint. Beim Umgang mit den Minderheiten handelten staatliche und religiöse Autoritäten nicht immer im Einklang miteinander, das Bild eines Bündnisses von ‚Thron und Altar' ist ein Konstrukt aus viel späterer (islamischer?) Zeit; eine zoroastrische „Staatskirche" und nur eine einzige *religio licita* (zugelassene Religion) hat es nie gegeben. Christen wurden verfolgt, wenn sie nicht nur als religiöse Konkurrenten, sondern auch als politisch unzuverlässige Untertanen galten; als sie sich ab 424 in einer Kirche mit eigenem Oberhaupt organisierten und ab 484 mit der verbindlichen Annahme des nestorianischen Bekenntnisses auch christologisch von der römischen Reichskirche geschieden waren, begleiteten die Könige diese Entwicklung mit Wohlwollen, bedienten sich christlicher Würdenträger als Gesandter und Berater und förderten – auch im eigenen Interesse – nestorianische Bildung und Wissenschaft, etwa in der von Edessa nach Nisibis verlagerten „Perserschule" oder in der ‚Hochschule' von *Ğundaisabur* in Xuzistan (s. S. 107).

Im Falle der Manichäer sind gleichfalls die genauen historischen Umstände ihrer Förderung (wie unter Šabuhr I.) und ihrer Verfolgung (wie unter Vahram I. und II.) zu beachten; sie waren den zoroastrischen Autoritäten (und übrigens auch den Christen) vor allem deshalb so verhaßt, weil sie ihre Botschaft in Iran z.T. in ein iranisch-zoroastrisches Gewand kleideten und darüber hinaus alle übrigen Religionen zu überbieten und zu ersetzen gedachten; war der König nun auf die Unterstützung der Priesterschaft in besonderer Weise angewiesen, dann konnte dies sehr leicht auch zur Verfolgung der Manichäer führen. Als „Häretiker" erschienen den Zoroastriern auch die Anhänger Mazdaks, die mit ihren Forderungen von Güter- und Frauengemeinschaft und der Verwerfung von Ordal und Eid die Fundamente zoroastrischer Sozial- und Sittenlehre erschütterten; ihre Lebensgestaltung, die die durch patrilineare (vom Vater her gedachte) Abstammung sowie die Bewahrung des Haushaltes in männlicher Linie bestimmten Grundvoraussetzungen und -anliegen gesellschaftlichen Lebens bedrohte, konnte auf lange Sicht auch nicht im Interesse des Herrschers sein.

Werfen wir noch einen kurzen Blick auf die kulturellen Leistungen sasanidischer Künstler und Wissenschaftler: Sasanidische Baumeister gaben mit Kuppel- und Iwanarchitektur sowie der Dekorornamentik wichtige Anstöße in den byzantinischen, armenischen und islamischen Orient hinein, die iranische Toreutik und Textilkunst strahlte bis nach China und Westeuropa hin aus. Durch die Vermittlung des spätsasanidischen Iran gelangten Werke der Literatur vom Westen in den Osten und *vice versa*: So wurde etwa die indische Fabelsammlung *Pancatantra* damals nach Persien gebracht, später von den Arabern umgestaltet und übersetzt und gelangte unter dem Titel *Kalila wa-Dimna* bis weit in den Westen; griechisch-römisches Wissen in den Bereichen Philosophie, Medizin, Recht, Geographie und Landbau wurde an den Hochschulen im Lande vermittelt und später dort und anderswo von den Muslimen begierig aufgenommen. Schließlich betrieben von Iran aus Manichäer und Christen, wie wir bereits hörten, ihre weltumspannende Mission. Aber auch iranische Literatur, iranisches Recht, iranische Glaubensvorstellungen und iranische Fachtermini fanden Verbreitung in Abend- und Morgenland. In der Sasanidenzeit wurde auch die offiziöse Version der iranischen Geschichte schriftlich niedergelegt, im „Herrenbuch" (*Xvadāy-nāmag*): Mit Geschichten aus verschiedenen Sagenkreisen, in weit vergangener und eben erst erlebter Zeit, in nahen und fernen Regionen angesiedelt, in ein chronologisches System gefaßt und den religiösen, moralisch-ethischen, aber auch literarischen ‚Idealen' der Zeit angepaßt, wurde dieses Buch zum wichtigsten Erbe des alten Iran in Iran selbst. Dank seiner späteren Bearbeitung durch einen solch begnadeten Dichter wie Firdausi wurde es schließlich als „Königsbuch" (*Šāhnāmeh*) sogar zu einem Stück Weltliteratur.

VI. Nachwort: Nachleben und Wiederentdeckung des Alten Iran

Nachdem bereits in der parthischen Epoche genaues Wissen um die Meder- und Achaimenidenzeit in Iran selbst verloren gegangen und durch ostiranische Tradition in Mythen- und Sagenform verdrängt worden war, verstießen die Sasaniden ihrerseits die Arsakiden aus der ‚Iranischen Nationalgeschichte' und ließen die Geschichte Ērānšahrs in ihre eigene Dynastiegeschichte münden. Es verwundert nicht, daß sie, die die offiziöse Sicht iranischer Geschichte bestimmten, in ihr nun selbst als iranische Könige *par excellence* erscheinen. Spätestens seit iranische Dynastien wie die Samaniden in Transoxanien (Buchara) sich der historischen Bedeutung ihrer Heimatregion bewußt wurden und dabei auf die dort verbreiteten historischen Herrschaftstraditionen rekurrierten (im 10. Jh.), als iranische Historiker wie Tabari bei ihrer Suche nach historischen Vorläufern der politischen Führer der islamischen Welt verständlicherweise gleichfalls auf die Sasanidenkönige stießen (etwa den bereits im Koran geschätzten Kisra [Husrav I.]), zählte das Wissen um die sasanidische Vergangenheit und die vorsasanidische Geschichte in sasanidischem Gewande zur Allgemeinbildung des islamischen Ostens. Allerdings sollte man sich davor hüten, solche Bemühungen von Dynasten und Historikern in nationaler oder gar nationalistischer Verkennung als antiarabisch, antiislamisch oder nationaliranisch zu kennzeichnen: Wie die persische Sprache wegen ihrer semantischen Flexibilität als überregionale Kontaktsprache zur zweiten wichtigen Vermittlerin islamischen Gedankengutes wurde (Fragner), so fand auch die Geschichte des Alten Iran gerade deshalb soviel Anklang, weil sie, wie die Israeliten das Prophetenamt, das Königtum als von Gott gegebene Einrichtung in die islamische Heilsgeschichte einbringen konnte. Auch die neupersischen Bearbeitungen des „Herrenbuches", unter denen Firdausis „Königsbuch" zu Recht der Vorrang gebührt, verdanken sich dieser Sicht von Geschichte und sind erst im 19. und 20. Jh. nationalistisch umgedeutet worden. In Europa waren die arabischen und neupersischen Darstellungen altiranisch-vorislamischer Geschichte jahrhundertelang kaum bekannt, orientierten sich Literaten und ‚Historiker' an griechisch-römischen und biblischen Urteilen über vorderasiatische Völker, Reiche und Persönlichkeiten; dabei war die christliche ‚Geschichtsschreibung' nicht weniger heilsgeschichtlich konzipiert als die muslimisch-iranische.

Vor allem in der Zeit vom 16. bis zum 18. Jh., d. h. in der Zeit der Safawidenkönige, trafen diese beiden Geschichtsbilder aufeinander anläßlich der Begegnungen zwischen europäischen Reisenden und Diplomaten auf der einen sowie den Bewohnern Irans auf der anderen Seite. Während erstere versuchten, ihre Kenntnisse alttestamentlicher und griechisch-römischer Geschichte mit dem in Persepolis und anderswo Vorgefundenen in Übereinstimmung zu bringen, erschienen den Einheimischen die eindrucksvollen Ruinen als Relikte aus altiranischer Heldenzeit (Ğamšid, Rustam) oder als Wirkungsstätten jüdisch-muslimischer Heilsgestalten (Salomon/Sulaiman). Erst Carsten Niebuhr und seine „Erklärer", mit denen wir unseren Überblick begonnen hatten, schufen die Voraussetzung für die ‚historische' Wiederentdeckung des Alten Iran. Entzifferer wie Georg Friedrich Grotefend, Henry Creswicke Rawlinson und Antoine Sylvestre de Sacy legten mit ihrer Lesung der achaimenidischen bzw. sasanidischen Königsinschriften den Grundstein für ein Verständnis der vorderasiatischen Kulturen auf der Basis der indigenen Zeugnisse, Ausgräber wie Jacques de Morgan, Ernst Herzfeld oder Erich F. Schmidt machten den Alten Iran auch in seiner materiellen Hinterlassenschaft in Europa und Amerika bekannt. Zuweilen verstellte der ‚Orientalismus' westlicher Beschäftigung mit Vorderasien dabei den Blick auf die nahöstlichen Hochkulturen, sei es in Form falscher Antagonismen wie Abendland-Orient, Freiheit-Despotie oder gar Arier-Semiten, sei es in Form der Interpretation indigenen Materials mit Hilfe gewohnter klassischer oder biblischer Erklärungsmuster. Aber auch der Blick von Ost nach West war zuweilen getrübt durch weltanschauliche Voreingenommenheit: Die als Reaktion auf die klassische Sicht von Zivilisationsgeschichte verständlichen historischen ‚Entkolonialisierungsversuche' unterschätzten manchmal den Grad westlichen Einflusses auf den Orient, die ‚nationaliranische' Interpretation griechisch-persischer oder arabisch-persischer Beziehungen und nicht zuletzt der vom letzten Šah in die Welt gesetzte Mythos von 2500 Jahren iranischen Kaisertums und herrscherlicher Menschenrechtspolitik dienten nicht historischer Aufklärung, sondern pseudohistorischer Identitätsstiftung und durchsichtiger politischer Legitimation.

„Das frühe Persien" hat Besseres verdient und inzwischen auch erhalten: Viele Darstellungen, vielleicht auch dieses Büchlein, haben nicht nur seine historische Bedeutung und kulturelle Prägekraft aufzeigen, sondern es auch als eine Zivilisation beschreiben können, in der sich viele unterschiedliche Traditionen entwickelten oder verbanden. Mit seiner vermeintlichen oder auch tatsächlichen Nähe einerseits, seiner Andersartigkeit und ‚Exotik' andererseits, bietet es Iranern wie Europäern Stoff genug zur geistigen Auseinandersetzung und kann vielleicht dadurch auch zu einem besseren Verständnis der je eigenen und der fremden Kultur beitragen. Alle seine Reize und Anregungen hat das frühe Persien aber bis heute noch nicht preisgegeben.

Dynastien und Könige

I. Die Achaimeniden (558–330 v. Chr.)

Kyros II. (?) d. Gr.	558–530	Xerxes II.; Sogdianos	424–423
Kambyses II.	530–522	Dareios II.	423–404
Gaumata/Bardiya	522	Artaxerxes II.	404–359
Dareios I.	522–486	Artaxerxes III.	359–338
Xerxes I.	486–465	Arses	338–336
Artaxerxes I.	465–424	Dareios III.	336–330

II. Die Seleukiden (305–125 v. Chr.)

Seleukos I. Nikator	305–281	Antiochos V. Eupator	164–162
Antiochos I. Soter	281–261	Demetrios I. Soter	162–150
Antiochos II. Theos	261–246	Alexander Balas	150–145
Seleukos II. Kallinikos	246–225	Demetrios II. Nikator	145–141
Seleukos III. Soter	225–223	Antiochos VI. Epiphanes	145–142
Antiochos III. d. Gr.	223–187	Antiochos VII. Sidetes	138–129
Seleukos IV. Philopator	187–175	Demetrios II. Nikator	129–125
Antiochos IV. Epiphanes	175–164		

III. Die Arsakiden (ca. 247 v. Chr.–224 n. Chr.)

Arsakes I.	ca. 247/38–217	Orodes III.	4–6
Arsakes II.	ca. 217–191	Vonones I.	8/9
Phriapatios	ca. 191–176	Artabanos II.	10/1–38
Phraates I.	176–171	Vardanes	38–45
Mithradates I.	171–139/8	Gotarzes II.	43/4–51
Phraates II.	139/8–128	Vonones II.	51
Artabanos I.	128–124/3	Vologaises I.	51–76/80
Mithradates II.	124/3–88/7	Pakoros	77/8–114/5
Gotarzes I.	91/0–81/0	Vologaises II.	77/8
Orodes I.	81/0–76/5	Artabanos III.	79–81
Sinatrukes	ca. 78/7–71/0	Osroes	108/9–127/8
Phraates III.	71/0–58/7	Vologaises III.	111/2–147/8
Mithradates III.	58/7	Vologaises IV.	147/8–191/2
Orodes II.	58/7–38	Vologaises V.	191/2–207/8
Phraates IV.	38–3/2	Vologaises VI.	207/8–221/2
Phraates V.	2 v.Chr.–	oder 227/8	
	2 n.Chr.	Artabanos IV.	213–224

IV. Die Sasaniden (224–651 n. Chr.)

Ardaxšir I.	224–239/40 n.Chr. Tod: 241/2	Peroz	459–484
		Valaxš	484–488
		Kavad I.	488–496;
Šabuhr I.	240–270/72		499–531
Hormizd I.	270/2–273	Zamasp	496–498
Vahram I.	273–276	Husrav I.	531–579
Vahram II.	276–293	Hormizd IV.	579–590
Vahram III.	293	Husrav II.	590–628
Narseh	293–302	Vahram VI. Čobin	590–591
Hormizd II.	302–309	Kavad II.	628
Šabuhr II.	309–379	Ardaxšir III.	628–630
Ardaxšir II.	379–383	Šahrbaraz	630
Šabuhr III.	383–388	Husrav III.	630
Vahram IV.	388–399	Puran	630–631
Yazdgird I.	399–421	Azarmigduxt	631
Vahram V. Gor	421–439	Hormizd V.	631–632
Yazdgird II.	439–457	Husrav IV.	631–633
Hormizd III.	457–459	Yazdgird III.	633–651

Ausgewählte Literatur

Bibliographien

U. Weber/J. Wiesehöfer, *Das Reich der Achaimeniden*, Berlin 1996
Abstracta Iranica. Supplement à ‚Studia Iranica, Leiden 1977 ff

Nachschlagewerke

Encyclopaedia Iranica, London/Costa Mesa 1986 ff
Civilizations of the Ancient Near East, ed. J. M. Sasson, 4 vols., New York 1995
The Oxford Encyclopedia of Archaeology in the Near East, ed. E. M. Meyers, 5 vols., New York/Oxford 1997
The Anchor Bible Dictionary, ed. D.N. Freedman, 6 vols., New York 1992
Der Neue Pauly, hg. v. H. Cancik/H. Schneider, Stuttgart/Weimar 1996 ff.

Gesamtdarstellungen

J. Wiesehöfer, *Das antike Persien*, Zürich/München 1994
The Cambridge History of Iran, vols. 2–3, Cambridge 1983–1985
The Cambridge Ancient History, vols. 4–10, 13, Cambridge 1984–1997
R. N. Frye, *The History of Ancient Iran*, München 1984

Darstellungen einzelner Epochen

Achaimeniden
P. Briant, *Histoire de l'empire perse de Cyrus à Alexandre*, Paris 1996
A. Kuhrt, *The Ancient Near East c. 3000–330 B.C.*, vol. 2, London 1995
Achaemenid History I–VIII, ed. J.W. Drijvers/A. Kuhrt/H. Sancisi-Weerdenburg, Leiden 1987–1994

Seleukiden
S. Sherwin-White/A. Kuhrt, *From Samarkhand to Sardis*, London 1993
J. Wiesehöfer, „*Discordia et Defectio – Dynamis kai Pithanourgia*. Die frühen Seleukiden und Iran", Hellenismus, hg. v. B. Funck, Tübingen 1996, 29–56

Parther
Das Partherreich und seine Zeugnisse – The Arsacid Empire: Sources and Documentation, hg. v. J. Wiesehöfer, Stuttgart 1998
J. Wolski, *L'Empire des Arsacides*, Louvain 1993
M. A. R. Colledge, *Parthian Art*, London 1977

Sasaniden
K. Schippmann, *Grundzüge der Geschichte des sasanidischen Reiches*, Darmstadt 1990

Karten

Ausgewählte Karten des *Tübinger Atlas des Vorderen Orients*, Wiesbaden

B. Hourcade/M. Taleghani/M.-H. Papoli-Yazdi, *Atlas d'Iran*, Paris 1997

Quellensammlungen (in Übersetzung)

M. Back, *Die sassanidischen Staatsinschriften*, Leiden 1978

G. G. Cameron, *Persepolis Treasury Tablets*, Chicago 1948

G. F. Del Monte, *Testi della Babilonia Ellenistica, vol. 1: Testi Cronografici*, Roma 1997

The Roman Eastern Frontier and the Persian Wars, A.D. 226–363, ed. M.H. Dodgeon/S.N.C. Lieu, London 1991

A. K. Grayson, *Assyrian and Babylonian Chronicles*, Locust Valley 1975

R. T. Hallock, *Persepolis Fortification Tablets*, Chicago 1969

P. Lecoq, *Les inscriptions de la Perse achéménide*, Paris 1997

A. J. Sachs/H. Hunger, *Astronomical Diaries and Related Texts from Babylonia*, 3 vols., Wien 1988–1996

Texte aus der Umwelt des Alten Testaments, Bd. 1–2, Gütersloh 1982–1991

Textual Sources for the Study of Zoroastrianism, ed. and transl. by M. Boyce, Manchester 1984

Weitere Literatur

G. Ahn, *Religiöse Herrscherlegitimation im achämenidischen Iran*, Leiden 1992

M. Boyce, *A History of Zoroastrianism*, vol. 1 ff., Leiden 1975 ff.

M. Brosius, *Women in Ancient Persia*, Oxford 1996

Compendium Linguarum Iranicarum, hg. v. R. Schmitt, Wiesbaden 1989

The Crossroads of Asia, Cambridge 1992

V. S. Curtis, *Persische Mythen*, Stuttgart 1994

E. Ehlers, *Iran. Grundzüge einer geographischen Landeskunde*, Darmstadt 1980

G. Gnoli, *Iran als religiöser Begriff im Mazdaismus*, Opladen 1993

E. Grötzbach, *Afghanistan*, Darmstadt 1990

R. Gyselen, *La géographie administrative de l'Empire sassanide*, Paris 1989

G. Herrmann, *The Iranian Revival*, London 1977

History of Civilizations of Central Asia, vol. 2, Paris 1994

H.-J. Klimkeit, *Die Seidenstraße*, Köln ²1990

M. C. Miller, *Athens and Persia in the Fifth Century B.C.: A Study in Cultural Receptivity*, Cambridge 1997

M. Rashad, *Iran* (Reiseführer), Köln 1998

M.C. Root, *The King and Kingship in Achaemenid Art*, Leiden 1979

M.W. Stolper, *Entrepreneurs and Empire. The Murašû Archive, the Murašû Firm and Persian Rule in Babylonia*, Leiden 1985

Weihrauch und Seide. Alte Kulturen an der Seidenstraße, hg. v. W. Seipel, Wien 1996

Register

MEIN MAUSHALT
UND ICH

„Hallo Nürnberg!"-Kolumnen
aus den Nürnberger Nachrichten

INHALT

Herzlichen Dank an Kathrin Alber und Birgit Rehm für die Auswahlhilfe, Isabel Lauer für das Lektorat und Jacky Weser für das tolle Buchcover. Und an Miss Maus, die mit ihrem Auftauchen sicherstellte, dass mir der Tier-Content nicht ausgeht.

Für den besten Hardy

MORGEN, MORGEN,
NUR NICHT HEUTE

So, gleich fange ich an. Ich muss mir nur noch schnell einen Tee kochen. Und die Spülmaschine ausräumen. Und wollte ich nicht auch noch endlich eine Wäsche anwerfen? Und wie sehen eigentlich die Fenster aus?

Antwort: Wie immer, undurchsichtig. Moment, ich merke, was mein Gehirn vorhat: Es lockt mich auf den Pfad der Prokrastination. Auch Aufschieberitis genannt. Nicht mit Faulheit zu verwechseln, bitte! Dazu gibt es sogar wissenschaftliche Studien. Bei der Prokrastination schiebt man eine Aufgabe vor sich her, weil man fürchtet, sie vielleicht nicht gut genug zu erfüllen, oder weil man sich zu viel vorgenommen hat. Experten empfehlen da die

50-Prozent-Regel: Man soll von seinem eigentlichen Aufgabenplan die Hälfte streichen. Frage an der Stelle: Wäre eine halbe Kolumne okay? Meistens empfehle ich mir selbst etwas anderes: die Arschtritt-Methode. Man tritt sich dabei selbst in den Allerwertesten, um endlich das zu tun, was Teile von einem ja dringend möchten: anfangen! „Hobb, mach etz!"

Im Homeoffice kann ich es laut ausrufen, in der Redaktion könnte diese Methode seltsam wirken. Eventuell fühlt sich die Kollegin vom Nachbarschreibtisch dann versehentlich aufgefordert und denkt, ich leide an Größenwahn, weil ich ihr anschaffen will, in die Puschen zu kommen. Wenn sie eh schon in den Puschen ist, macht es die Sache noch schlimmer.

Zu prokrastinieren und dämlich an die Wand zu schauen, während andere in die Tasten hauen, dass die Buchstaben fast davonfliegen, ist ungefähr so schlimm wie sich nachts im Bett zu wälzen, während neben einem seelenruhig geschnarcht wird. Die Hölle sind die anderen, das wusste ja schon Sartre. Man kommt unter Zugzwang. „Es muss gehen, bei den anderen geht es auch!" Ein schöner Satz von Loriot. Die Sache verhält sich umgekehrt proportional. Je mehr es bei den anderen läuft, umso mehr stockt es bei einem selbst.

Vielleicht wäre ein Neben-Prokrastinierer die Lösung. Der auch lange an die Wand schaut. Im Vergleich dazu wäre man immerhin nicht weniger produktiv. Katzen erfüllen diese Funktion hervorragend. Denn auf deren To-do-Liste steht vor allem: herumliegen und schlafen. Gähnend liegen sie auf Sofa, Bett und Boden herum und werden dafür noch bewundert und geliebt. Wie haben die Viecher das geschafft? Und warum bin ich eigentlich keine Katze?

Es hätte so viele Vorteile. Nie mehr einen Einkauf selbst erledigen und trotzdem immer zu fressen haben. Katzenwäsche statt aufwendiger Körperpflege. Okay, man muss dazu sein Bein hinters Ohr stecken können, aber mit

Pilates könnte es in zehn Jahren eventuell klappen (To-do-Liste: wieder mit Pilates anfangen). Kein Klamotteneinkauf und nie mehr überlegen müssen: Was ziehe ich an? Nürnberg, zehn Uhr, das Fell sitzt. Und niedliche, aber lästige Mäuse müsste ich nicht in Fallen locken, ich würde sie einfach fressen.

Mit Prokrastination hätte man als Katze auch nichts zu tun. Weil Katzen wenig vorausdenken. Ein Punkt, der mich sehr mit ihnen verbindet. Vielleicht war ich in meiner Entstehung schon halb auf dem Weg, eine Katze zu werden, und dann kam irgendwer daher und sagte: Halt, die wird doch ein Mensch! Wenn ich den Deppen finde, dann zieh ich ihm das Fell über die Ohren.

Gut, ich bin keine Katze und muss mich mit menschlichen Problemen herumschlagen. Vielleicht bin ich damit ja nicht ganz alleine. Oder läuft's bei euch allen? Bei wem läuft's nicht? Hände hoch! Das zuzugeben würde doch guttun in unserer Selbstoptimierer-Welt. Just do it! Just halt die Klappe! Dann könnten wir gemeinsam Dinge aufschieben. Motto der Party: Nur ein Schwein prokrastiniert allein!

Bitte keine Glückwünsche, dass ich es bis zum Ende der Kolumne geschafft habe. Ich habe mich damit nur vor etwas anderem gedrückt. Das mache ich aber auch noch. Morgen fang ich an.

HIER KOMMT DIE MAUS!

Bei mir läuft seit Kurzem „Die Sendung mit der Maus", und zwar täglich und das leider nicht auf dem Fernseher, sondern in der Realität. Kurz nach meiner Rückkunft aus dem Urlaub wurde ich nachts nicht vom Jetlag geweckt, sondern von einem Rascheln in der Nähe meines Bettes. Im Halbschlaf prüfte ich die verschiedenen Möglichkeiten.

Variante A: Ich war gar nicht wach und dies war ein Traum.

B: Ein Geist war spontan eingezogen.

C: Eine Maus war spontan eingezogen.

Um die völlig unwahrscheinliche Variante C auszuschließen, leuchte ich unter Nachttisch und Bett und untersuchte den Stapel Bücher auf dem Boden. Nichts. Es war also vermutlich nur ein Geist. Prima. Ich drehte mich um und schlief weiter.

Am nächsten Morgen saß ich mit einer Tasse Kaffee vor dem Laptop, als im Wohnzimmer ein kleines haselnussbraunes Nagetier an der Balkontür vorbeispazierte: Hier kommt die Maus! Selbstbewusst lief sie an den Blumentöpfen vorbei, über die Fernsehmöbel und verschwand hinterm Sofa. Ein Mouse-Walk, der einem Cat-Walk in nichts nachstand. Mir fiel die Klappe runter und die Tasse fast aus der Hand. Es war also doch kein Geist gewesen, heute Nacht. Da biss die Maus keinen Faden ab.

Seitdem lebe ich in einem Maushalt. Der hat auch Vorteile: Er zwingt zu Sauberkeit und Entbröselung. Brot schneiden und Krumen liegen lassen (tritt sich fest!), kommt nicht mehr in Frage. Pistazien offen herumliegen lassen, auf keinen Fall! Denn die schmecken auch der Maus sehr gut. Generell stelle ich fest, dass Mäuse einen ausgezeichneten Geschmack besitzen. Sie essen alles gerne, was mir auch schmeckt: Pistazien, Nutella, Käse und Twix, wie mir ein Mäuseexperte im Baumarkt verriet. Dorthin war ich geeilt, um der Maus eine oder mehrere Fallen zu stellen. Selten wurde ich kompetenter beraten als zu diesem Thema. Denn ich war an einen Maus-Liebhaber im Baumarkt geraten. Aus dem Stegreif hielt er ein Referat, das von höchstem Respekt Mäusen gegenüber geprägt war. „Sie sind hochintelligent", erklärte er mir. Wenn ich sie gefangen hätte, müsse ich sie mindestens zwei bis drei Kilometer entfernt aussetzen, sonst finde das schlaue Mäuschen wieder zurück in meine Wohnung.

Als Köder empfahl er mir Twix. Eine sehr gute Wahl, wie ich finde. Wenn die Maus noch gerne Cola trinkt und „Sex and the City" mag, überlege ich, den Maushalt mit ihr einfach zu behalten. Das muss ich wahrscheinlich sowieso, denn die drei Miniatur-Nutellabrote, die ich ihr liebevoll geschmiert und in drei Fallen gelegt habe, ignoriert sie. „So leicht lass ich mich nicht ködern", scheint sie mir sagen zu wollen. Ich habe jetzt noch eine vierte Falle besorgt, eine „Levend Vangende Muizenval" – auf Niederländisch klingt es auf der Verpackung am putzigsten. Levend, denn zerquetschte Maus möchte ich nicht haben. Wenn es damit auch nicht klappt, richte ich mich vermutlich im Maushalt mit ihr ein. Gibt es eigentlich mausgerechte Bierkrüge? Vielleicht schnitze ich ihr auch ein Bettchen wie Meister Eder für Pumuckl. Aber vielleicht greife ich auch zum Äußersten – und lade die Nachbarskatze ein. Dann heißt es: Aus die Maus.

NACHTS WERDEN
DIE GEHIRNE WACH

Schlaf ist sehr wichtig, da sind sich alle führenden Mediziner mit mir einig. Der beste Moment des Tages ist oft der, wenn man sein Haupt zur Ruhe bettet. Endlich nichts mehr tun, der Stille lauschen. Es könnte so schön sein, wenn da nicht das Gehirn wäre. Tagsüber zu faul zum Denken, läuft es nachts zur Hochform auf. Kaum schalte ich die Nachttischlampe aus, geht es los.

„Hallooo, wie geht's? Schön, dass wir mal in aller Ruhe beisammen sind." „Ruhe, jetzt wird geschlafen", antworte ich. Aber mein Gehirn hat noch etwas auf dem Herzen. „Ich möchte dich darauf aufmerksam machen, dass es mit dem Artikel, den du morgen zu schreiben gedenkst, Probleme geben könnte."

„Ach was?"

„Ja, denn vielleicht erreichst du deine Ansprechpartner gar nicht, weil sie spontan im Urlaub sind oder krank. Ich frage mich auch, ob es überhaupt die richtigen Ansprechpartner sind. Vielleicht sollte man alles ganz anders aufziehen …"

„Warum hast du dich das nicht tagsüber gefragt?"

„Tagsüber hatte ich keine Ruhe. Da kam ich einfach nicht zum Denken."

„Dann lass es jetzt bitte auch sein."

„Gut. Aber noch etwas anderes. Wusstest du schon, dass der Name in dem Artikel, den du heute geschrieben hast und der vermutlich gerade jetzt gedruckt wird, falsch ist?"

„Was??! Vogelsänger, so heißt der Mann doch."

„Korrekt. Aber ab dem dritten Absatz hast du ‚Vogelbauer' geschrieben."

„Was?! Damit kommst du jetzt? Soll ich die Druckmaschinen anhalten?! Warum hast du mich das schreiben lassen? Wozu beherberge ich dich in meinem Kopf?"

„Es ist mir eben erst eingefallen. Auch Gehirne vergessen mal etwas. Du hast Schäufele gegessen mittags, ich war im Verdauungskoma danach. Aber jetzt weißt du es ja."

„Ja, jetzt, wo ich nichts mehr ändern kann. Ich beiß gleich ins Kopfkissen."

„Okay, lass uns statt über Vergangenes lieber über die Zukunft reden. Stichwort Weihnachtsgeschenke. Hast du auch nur eines? Da fällt mir ein, es steht sogar noch ein Geschenk für eine Freundin aus, die im September Geburtstag hatte. Im September!"

„Ruhe!"

„Und was machen wir eigentlich an Silvester? Da schon mal drüber nachgedacht? Oh, da fällt mir ein, wie geht's eigentlich mit der Silvester-Promi-Umfrage für die Zeitung voran? Der Redaktionsschluss ist nicht mehr weit."

„Schnauze."

„Und kochst dieses Jahr du an Weihnachten? Und wenn ja, was und für wie viele? Um wie viel Uhr?"

„Ich hasse dich."

„Ich mache nur meinen Job: denken."

„Aber nicht um diese Zeit! Denke bitte tagsüber."

„Ich bin ein Nachtmensch, sorry. Anderes Thema: Wie sieht's nächstes Jahr mit Urlaub aus? Dieses Jahr hast du ja total versagt bei der Urlaubsplanung. Weil du nicht planen kannst."

„Das ist doch deine Aufgabe, du bist doch das Gehirn."

„Komm mir nicht so, sonst sag ich – STEUER!"

„Du bist fies."

„GRUNDSTEUER!"

„Bevor ich ausfällig werde, schlafe ich jetzt."

Es kehrt Stille im Oberstübchen ein. Kurz bevor ich einschlafe, kommt die letzte Meldung meines Gehirns: „Nachricht von der Blase. Du musst aufs Klo, sorry!"

IM CLUB IST MAN EIN DEPP

Neulich habe ich etwas Krasses getan: Ich habe am Nachtleben teilgenommen. Und zwar nicht wie die letzten drei Jahre mit Schlafanzughose im Bett, sondern draußen in einem „Claaaab", wie der Hipster sagt. Lange Zeit gab es in Franken nur „den Club", der ein Depp ist bekanntlich. Jetzt ist Club die Disco.

Es ging schon gut los auf dem Sofa. Ich hatte vorgeschlafen – eine Fähigkeit, zu der mein Körper seit Neuestem in der Lage ist – und ein Auge schon kajalisiert. Dann rief ich die Ausgeh-Freundin an: „Du, ich muss doch noch das Dschungelcamp zu Ende schauen, ich komm nach." Erleichtert lehnte ich mich in die

Sofakissen zurück: Fernsehschauen statt Vorglühen. Ich bin über 40, ich darf das.

Mir kam meine Mutter in den Sinn, die mich eines Abends entgeistert anschaute, als ich mit 20 Jahren zu vorgerückter Uhrzeit – ich war bereits im Nachtgewand – einen Anruf erhielt. Fünf Minuten später stolzierte ich in schwarzer Lederhose und Spaghettiträger-Top, eine Tonne Haarspray auf dem Kopf, an ihr vorbei. Sie starrte mich ungläubig an und stöhnte aus tiefstem Herzen: „O Gott, jetzt noch weggehen müssen!" Sie schüttelte mitleidig den Kopf.

Mir wiederum tat sie leid. Wie konnte man nur ein langweiliges Sofa und einen langweiligen Fernseher einer Disco (damals war's noch Disco) vorziehen?! Einer DISCO! Dort waren Menschen, vielleicht interessante Menschen, und Musik.

O Gott, dort sind Menschen und Musik, dachte ein Teil von mir letzte Woche. Hier waren dagegen mein Sofa und mein Bett, dort

Schweiß und Gedränge. Wollte ich das wirklich? „Wehe, du sagst ab! Dann komme ich und klingle Sturm bei dir", beendete die Freundin, die zwölf Jahre jünger ist, meine innere Diskussion. Ich kajalisierte Auge Nummer zwei und schlüpfte ins Club-Outfit. In meinem Alter muss ich nicht mehr lange überlegen, ich habe Routine. Es braucht diese zwei Dinge: Hose, Oberteil. Fehlt eines der beiden Teile, müsste es ein ganz besonderer Club sein.

Ich grub mein Disco-Täschchen aus, dann fuhr ich in den Claaab. Türe auf, rein. Mit Winterjacke am Rand stehend versuchte ich mich dort zu akklimatisieren. Die nächste Generation war stark in Bewegung auf der Tanzfläche. Ich war mal die Disco-Queen, jetzt fühlte ich mich eher wie die Disco-Queen-Mum. Aber ich war nicht gekommen, um zu kneifen. Ich suchte das Geld für die Garderobe vor der Türe (Lampe!) zusammen wie die

Omas an der Supermarktkasse, dann zog mich die Freundin ins Geschehen.

Mit der Zeit kam ich rein. Auch, weil freundlicherweise Musik der 80er und 90er Jahre gespielt wurde. Haddaway ist jetzt retro. Wann ist das passiert? Wenn jetzt noch „I like a Moped Moped" kam, war es perfekt. Jahrelang hatte ich „I like to move it, move it", so gesungen. Absichtlich. Ich schwöre, absichtlich.

Und welcher Depp hat eigentlich zugelassen, dass sich in Clubs Stufen und Absätze befinden? Und waren die schon immer da? Ich tastete mich an der Wand entlang und hoffte auf baldigen Disconebel. Dann konnte ich mich ungesehen schnell auf ein paar griffbereiten Kids abstützen. Ein guter Nebelstoß konnte mich vielleicht bis zur Toilette durchbringen.

Es hätte fast geklappt, hätte ich mich nicht auf Twerkern abgestützt. Die sind in einem Moment noch auf Augenhöhe, im nächsten wackeln sie einen Meter tiefer mit ihrem Arsch. So kann man nicht arbeiten! Ich twerkte mich irgendwie zur Toilette durch. Wenn man sich auf niedrigerem Niveau bewegt, stürzt man nicht so tief. Ein Satz von philosophischer Güte.

Um halb fünf morgens twerkte ich nach Hause. Nachtleben, schon ein prima Gegensatz zur Arbeitswelt.

Ich denke, die Sendung schalt ich nochmal ein.

MEIN LEBEN IST WABI SABI

Um mich auf eine Japanreise vorzubereiten – die Tante liest sich gerade in das Thema Erdbeben ein –, bin ich auf einen wunderbaren Begriff gestoßen: „Wabi Sabi". Nein, mit Wasabi hat es nichts zu tun. Es geht vielmehr, wenn ich es richtig verstanden habe, um das Prinzip des Nicht-Perfekten. Erst wenn ein Ding schon ein bisschen Patina angesetzt hat, ist es für die Japaner richtig schön. Ein kleiner Sprung in der Schüssel, darauf stehen sie total.

Ich weiß nicht, wie es kommt, aber irgendwie bin ich mir da gleich selbst eingefallen. Endlich habe ich einen Begriff, der mein Leben definiert! Wobei, sind wir nicht alle ein bisschen Wabi Sabi? Ich denke schon.

„Beschränke alles auf das Wesentliche, aber entferne nicht die Poesie", beschreibt ein Japan-Experte das Prinzip. Zu steril darf nichts sein. Ein Fels sollte bemoost sein, ein Strohdach grasbewachsen. Und ein Teekessel erscheint ihnen erst richtig schön, wenn er ein wenig angerostet ist. Von offensichtlicher Schönheit à la amerikanischen It-Girls halten die Japaner nichts. Sie lieben es lieber auf den zweiten Blick – verhüllt und ein bisschen derangiert. Ist das nicht romantisch?

Davon abgesehen, rückt es meine Wohnung in ein ganz anderes Licht. Seitdem ich von dem Prinzip gehört habe, steige ich mit einem ganz anderen Gefühl über meinen Klamottenhaufen im Schlafzimmer. Er ist nämlich gar kein Haufen, sondern Boden-Wabi-Sabi vom Feinsten. Meine Kleidungsstücke verhüllen die sonst viel zu offensichtliche Schönheit meines Laminatbodens. Nur ansatzweise schimmert sein feiner Fichtenton durch die Wäsche. Und weckt beim Betrachter die Sehnsucht, ihn einmal in voller Pracht zu sehen. Und Sehnsucht gehört unbedingt zu Wabi Sabi.

In der Küche geht es weiter: Die etwas zu voll gepackte Spülmaschine versorgt mich dort regelmäßig mit henkellosen Tassen und stiellosen, aber dadurch umso stilvolleren Weingläsern. Nur die unkaputtbaren Senfgläser erweisen sich als völlig resistent gegen jede Form des Wabi Sabi.

Als Nächstes wabisabt meine italienische Kaffeemaschine. Patina in ihrem Inneren ist gar kein Ausdruck! Ich denke, ich werde sie vor meiner Reise fotografieren und das Bild von ihr in meinen Geldbeutel stecken. In Japan könnte ich damit ganz groß herauskommen. „Big in Japan" – das Lied ist praktisch für mich und meine Kaffeemaschine geschrieben worden. Wenn die Japaner dann schon vor Begeisterung der Ohnmacht nahe sind, zücke ich noch einen Trumpf: ein Foto meines Basilikums. Einen besseren Ausdruck von Vergänglichkeit – darauf stehen sie auch – gibt es nicht.

Dagegen kann die Kirschblüte als japanisches Vanitas-Symbol aber so was von einpacken. Wenn mir die Japaner sympathisch sind, lade ich sie ein, den poetischen Niedergang einer einst im Saft stehenden, Fotosynthese ohne Ende betreibenden Pflanze in ein welkes Häufchen Elend live mitzuerleben. Ich sehe die Schlagzeile in Tokios Zeitungen schon vor mir: „Röckl-San, der neue Wabi-Sabi-Superstar!" In diesem Sinn, Sayonara.

TASCHENPUTTEL

Es gibt Menschen, die wandeln ohne jeden Ballast durchs Leben. Jedenfalls optisch. Frauen dieser Spezies reicht ein winziges Täschlein, die Herren begnügen sich gleich nur mit den Hosentaschen. Federleichten Schrittes gehen sie durch die Stadt, nicht einmal Einkäufe führen bei ihnen zu Tüten. Wie machen sie das? Ich entstamme einer komplett entgegengesetzten Spezies: der der Beuteltiere. Drei Taschen baumeln immer von meiner Schulter, Minimum!

Eine davon ist meine normale Handtasche mit überlebensnotwendigen Dingen wie Geldbeutel, Handy, Schlüssel, Taschentüchern, ein Kugelschreiber, der schreibt, sowie zehn

Kugelschreiber, die nicht mehr schreiben, sämtliche Kassenbons aus den letzten fünf Jahren, nur den einen nicht, den man tatsächlich gebrauchen könnte, und ein Päckchen Sauce Hollandaise, Must-have zur Spargelzeit. Klar, dass meine Tasche mehr wiegt als ein Wattebausch. Es geht eher so Richtung doppelter Backstein. Zum Gewichtheben muss ich immerhin nicht extra ins Fitnessstudio. Ich habe einen Vertrag mit mir. Unkündbar.

In Beutel Nummer zwei befinden sich mein Arbeitslaptop plus ein Pfund Schreibblöcke und, wenn es noch hineinpasst, ein schönes Gummi-Weggla aus unserer Automatenkantine als Abendessen, ein Getränk und ab und zu eine Packung Milch für den nächsten Morgen. Auch dieser Beutel ist eher ein Schwergewicht.

Beutel Nummer drei ist sehr variabel. Mal transportiere ich darin Mottenbücher von einer Lesung nach Hause samt Wechselshirt, mal

Schminkutensilien und Haarspray, weil ich direkt von der Redaktion zum Essen gehe, ohne davor über Los, also mein Zuhause, gegangen zu sein. Gesellt sich zu den drei Beuteln dann noch eine Bäckertüte oder eine vierte Tüte spontan hinzu, gerät mein System ins Wanken. Ich bin überbeutelt.

Ganz kritisch wird es, wenn es regnet. Mit einem zweifach bebeutelten Arm einen Schirm in die Höhe zu recken ist eine Aufgabe für Hulk. Vor allem, wenn die Beutel offenbar mit Wackersteinen gefüllt sind.

Nicht von Vorteil ist auch ein glatter Jackenstoff. Auf meiner Polyester-Steppjacke gerieten neulich in der U-Bahn alle vier Beutel ins Rutschen. Statt elegant auf den Sitz zu gleiten, erstaunte ich mein Gegenüber als Taschentsunami. Schwallartig ergossen sich die Beutel von meiner Schulter auf den Boden. Es dauerte, bis ich sie vom Boden aufgesammelt hatte. Hochrot und schweissnass klaubte ich auf dem U-Bahn-Boden mein Hab und Gut auf wie Mägde in diesen Mittelalterschmonzetten. Nennt mich Taschenputtel.

Das bin ich immer wieder. Vor allem, wenn ich vor meiner Haustüre hocke, um den Hausschlüssel zu suchen. Da hat Aschenputtel hundertmal schneller die Erbsen und Linsen aus der Asche herausgefischt als ich den Schlüssel aus meiner Handtasche. Warum kommt er immer als letztes hervor? Erst wenn man den ganzen Tascheninhalt entnervt auf den Gehsteig gekippt hat und fünf Lippenbalsam-Döschen plus zehn Tampons langsam in Richtung Gully rollen, kommt er zum Vorschein. Da bin ich, war irgendwas? Was machst du da? Wie peinlich.

Vielleicht werde ich im nächsten Leben einfach ein Känguru, das wäre schön. Denn ein angewachsener Beutel kommt wenigstens nicht ins Rutschen. Ich hoffe dann nur eines: dass ich im Beutel nicht vier weitere Kängurus einstecken habe …

WARM, WÄRMER, MAUSILEIN!

Wie geht's der Katze? An diese Frage war ich viele Jahre gewöhnt. Seit Neuestem heißt es jetzt: „Was macht die Maus?" Antwort: „Der Maus geht es gut, hervorragend." Mein neues Haustier, das ungefragt bei mir eingezogen ist, fühlt sich offenbar sehr wohl. Sämtliche Fallen umtänzelt es, egal, welche Leckerbissen ich dort serviere: Nutella-Bruschetta, Käseplättchen oder Karamell-Schoko-Riegel, meine Cuisine sagt Miss Maus nicht zu. Vermutlich, weil sie in meiner Küche immer noch genügend anderes zum Verzehren findet.

Passend zu Ostern mache ich mich jetzt täglich auf die Suche: nicht nach schönen bunten Eiern, sondern nach den winzigen

Hinterlassenschaften von Miss Maus. Das ist der Nachtteil an einem freitrippelnden Haustier – es hat nicht gelernt, aufs Klo zu gehen. Überall, und damit meine ich auch überall, legt sie ihre Bämmbele ab.

Ich war schon versucht, mich im Maushalt mit ihr einzurichten. Ich bin tolerant. Aber wer auf mein Tagebuch kackt, ist draußen! Und wenn er noch so niedlich ist. Sorry. Die Maus muss raus, und wenn ich sie mit meinem Essensangebot nicht in die Fallen locken kann, dann hilft nur noch Abschreckung.

Eine Katze habe ich gerade nicht zur Hand, aber einige Kartons mit Katzenbüchern. Mit einer hübschen Mieze auf dem Titel. Das Lager meiner Kneipenkatzen-Bücher könnte eine ganz neue Funktion bekommen: als Drohkulisse in meiner Wohnung. Passend zum Volksfest errichte ich mit den Büchern eine Geisterbahn für Miss Maus. Ich sehe sie schon, wie sie dann quiekend meinen Katzenbücher-Parcours entlangläuft.

Von da steigt sie in die Berg-und-Katz-Bahn. Vielleicht kann ich mit einem Ventilator ein Fahrgeschäft für sie bauen. Zum Abschluss geht es dann ins Fallen-Labyrinth, da muss ich nur noch 120 Stück dazukaufen.

Bis dahin fahre aber eher ich in der Wilden Maus. Ich weiß jetzt, warum das so heißt: Mäuse laufen wirklich unheimlich schnell. Wie ist das möglich mit so kurzen Beinen? Die Geschwindigkeit ist es, die mich immer wieder überrascht und meine Coolness hintertreibt. Wie neulich, als ich mit einer Freundin telefonierte: „Und, was macht die Maus?"

„Ach, ganz gut. Zum Glück habe ich ja keine Mäusephobie, sondern ... Aaaaaaahhhhh! Huuuhh! Daaaa! Da läuft sie grad!" Räusper.

So kann es auf Dauer nicht weitergehen. Auch, weil ich seitdem unter Phantom-Maus-Sichtungen leide. Ich sehe braune Mäuse, auch wenn keine einzige durchs Zimmer läuft. Raschelt es in der Ecke? Läuft sie vielleicht gerade hinter meinem Nacken auf der

Sofalehne vorbei?! Und was war dieser Schatten da?! Mein Maushalt macht mich zunehmend nervös. Fantomaus verfolgt mich!

Und die Grenzen von drinnen und draußen vermischen sich. Während ich auf ein Rascheln hinter mir lauschte, sah ich neulich ein Eichhörnchen auf meinem Terrassentisch herumturnen. Wenn ich die Balkontüre einmal versehentlich offenstehen lasse, dann kann ich mit meinem Zuhause bald dem Wildgehege Hundshaupten Konkurrenz machen. Mit Mäusen und Eichhörnchen – vielleicht möchte noch ein Vogel in meinem Dachbalken ein Nest bauen oder ein Alpaka steht plötzlich im Bad und föhnt sich die Locken. Wer weiß! Kommt zur Röckl, da ist es warm und schön, und ihr fällt immer was vom Teller runter. Fortsetzung folgt.

WO LAUFEN SIE DENN HIN?

Hindernis, das: Gegenstand, der das Weiterkommen behindert, steht im Lexikon als Definition. Dort ist von unbelebten Dingen die Rede. Ich möchte sie erweitern, auf belebte Wesen, die mein Weiterkommen oft behindern. Die Rede ist von anderen Fußgängern. Besonders gerne behindern sie mich, wenn ich es eilig habe. Ich habe dabei unterschiedliche Arten ausgemacht.

Die Schleicher: Sie machen den Großteil der Fußgänger aus. Erstaunlicherweise in unserer hektischen Welt. Vielleicht sind die Schleicher also sogar ein gutes Zeichen. Denn sie haben offenbar eines: Zeit. Natürlich taucht der Schleicher immer dann auf, wenn man es besonders eilig hat. Oft kommt er in der Gestalt älterer Herren daher, es kann aber auch eine versonnen mit dem Handy sprechende junge Frau sein. Der Schleicher hebt seine Füße maximal fünf Mal pro Minute. Und das so langsam, dass man die Schuhsohlen ausführlich betrachten kann. Meist trifft man den Schleicher an Engpässen an, an denen Überholen unmöglich ist. Gegen Knurren im Nacken sind die Schleicher resistent.

Die Querläufer: Sie sind die Wechselwähler der Gehsteigseite und wechseln im Gehen von links nach rechts und umgekehrt. Geradeaus zu laufen ist ihnen offenbar zu langweilig. Vielleicht haben sie auch einen Schrittzähler geschenkt bekommen und möchten mit ihrem Zickzack ein paar Extrameter erlaufen. Genau wie die Schleicher gehören sie zu der Kaste der Unüberholbaren. Es sei denn, man ist selbst Wechselläufer und läuft im gegensätzlichen Zickzack. Diese Kombination ist aber höchst selten.

Die Unberechenbaren: Während die Wechsler regelmäßig hin- und herpendeln und die Schleicher zuverlässig langsam schlurfen, kann hier jeden Moment alles passieren. Am liebsten machen sie das: plötzlich stoppen. Ohne ersichtlichen Grund bleiben die Unberechenbaren stehen. Mitten auf dem Gehweg. Vielleicht hatten sie einen Geistesblitz oder ein für den normalen Menschen unsichtbares Hindernis hat sich ihnen in den Weg gestellt, man weiß es nicht. Man spürt nur den Aufprall, wenn man selbst nicht mehr rechtzeitig die Bremse einlegen konnte.

Kinder: Sie fallen in die Gruppe der Unberechenbaren. Mit einem positiven Zusatz: Bis zum Alter von etwa vier Jahren kann man, je nach Wuchs, meist mühelos über sie hinwegsteigen.

Tiere: Wie Kinder gehören auch sie zu den Unberechenbaren. Über sie hinwegzusteigen ist in dem Fall allerdings nicht so einfach, weil sie in der Regel noch ein Frauchen oder Herrchen an der Leine hängen haben. Wer als Kind gut in Gummitwist war, kann über eine gespannte Leine sehr gut springen. Alle anderen lassen das besser bleiben. Manchmal gibt es gar keine Probleme. Wenn der Hund vernünftig ist. Schwierig wird es, wenn mehrere Hunde im Spiel sind und der Halter ein Querläufer ist. Dann wechselt man am besten die Straßenseite, sonst kommt man nie an.

Pop-up-Gruppen: Häufig in den Abendstunden vor Lokalen anzutreffen, vor denen sie sich lang und breit und gehsteigfüllend verabschieden oder rauchen. Hier bleibt einem nichts anderes übrig, als die Gruppe durch entschlossenes Heranschreiten zu teilen wie Moses das Rote Meer. Je nach Getränkelage kann man sich auf ein paar Kommentare einstellen, die etwa nach einem Tag im Homeoffice nicht unwillkommen sein müssen. Eine kurze soziale Interaktion am Tag schadet nicht!

Elektroroller: Hiermit kommen wir am Ende doch noch zu den unbelebten Hindernissen. Sie stehen oder liegen oft kreuz und quer in der Gegend herum. Zum Glück haben sie auffällige Farben. Der Zwang des Liegenlassens ist vielleicht eine spätkindliche Trotzphase der Nutzer, die als Kinder zu viel aufräumen mussten. „Den lass ich jetzt dafür liegen, ätsch!"

Lassen Sie sich nicht aufhalten, ich hoffe, es läuft bei Ihnen!

KEHRD WÄRD!

Es gibt Tage, an denen ist es keine gute Idee, das Haus zu verlassen. Oder das Bett. Weil draußen nur fiese Ereignisse darauf lauern, einen in die Fänge zu bekommen. Wie Krokodile sind sie erst nicht zu sehen, tauchen dann urplötzlich auf und schnappen dich. Bei mir war diese Woche aber selbst das Bett kein sicherer Ort mehr. Friedlich schlummerte ich, bis mich ein großes Fauchen weckte. Kurz dachte ich, es wäre die Rückkehr meiner Katze Joker – als Tiger. Ich googelte kurz in meinem Gehirn und erkannte: Horch, es kommt von draußen rein! Das große Fauchen kam von der Straße vor meinem Fenster. Von einer winzig kleinen Kehrmaschine. Von der ich gerade noch die Rücklichter sah, als ich zum Fenster tappte. Ermattet legte ich mich wieder ins Bett. Gerade als ich alle Schäfchen durchnummeriert hatte, kehrte das Fauchen zurück.

Es sollte nicht das letzte Mal gewesen sein. Die kleine Kehrmaschine hatte anscheinend eine Obsession für unsere Straße. Sie fuhr nicht einmal entlang, nicht zweimal. Sondern hin und her und her und hin. Immer, wenn meine Ohren vernahmen, dass der Mini-Kehrer jetzt endlich abgebogen war, kehrte (!) er zurück.

Nach der Kehrtwenden-Dauerschleife war ich überzeugt, in der saubersten Straße der Stadt zu wohnen. Wir Anwohner würden Spikes unter die Schuhe schrauben müssen, um auf der blitzblank gewienerten Straße nicht auf die Schnauze zu fallen. Und wieder Flecken zu machen! Die wiederum den fauchenden Mini-Kehrer auf den Plan rufen würden. Ein Teufelskreis.

Was war los mit unserer Straße oder dem Kehrer? Hatte er vielleicht einfach nur die

Orientierung verloren? Und suchte deshalb immer wieder seinen Ausgangspunkt? Oder nahm er an einem Wettbewerb teil? „Die saubersten Straßen Deutschlands" oder so.

Tatsächlich sieht unsere Straße aber immer noch enttäuschend normal aus. Nicht schmutzig, aber auch nicht auffällig sauber.

Eine Freundin, der ich mein Leid über den Kehrer klagte, hatte eine andere Theorie: „Du, vielleicht wollte der eigentlich zu dir?"

Seitdem ergibt die Geschichte für mich Sinn. Natürlich, der wiederkehrende Kehrer kehrte nur so oft wieder, weil er eigentlich bei mir kehren wollte! Im Gegensatz zur Straße gibt es bei mir auch wirklich was zu kehren. Er könnte zum Beispiel mal die Unterlagen für die Steuer zusammenfegen. Und das Leergut. Nur Wasserflaschen, versteht sich. Und die Staubmäuschen könnte er zu einer Giganto-Maus zusammenkehren. Er könnte auch verschwundene Dinge unter meinem Bett hervorbürsten. Personen liegen keine darunter, glaub ich, aber sonst einiges.

Am Ende werde ich noch ein großer Fan der Kehrmaschine. Und bringe ein Kinderbuch heraus: „Die kleine Kehrmaschine". Ach was, eine ganze Reihe! „Die kleine Kehrmaschine geht auf Reisen". Oder passender zur Zeit: „Die kleine Kehrmaschine kehrt vor der eigenen Haustüre".

Das bringt mich auf eine Idee. Ich muss durch investigative Recherche herausfinden, wo die kleine Kehrmaschine wohnt. Besser gesagt, ihr Fahrer. Dann komm ich dort mal vorbei. Um drei Uhr nachts. Mit vier Laubbläsern. Ich freu mich schon.

DER MENSCH DENKT,
DIE KATZE LENKT

Aktiv habe ich keine Haustiere mehr. Dafür bin ich jetzt Passiv-Haustier-Nutzer. Die Tiere nutzen gerne mich, also meine Wohnung. Gefragt werde ich dabei nicht.

Statt anzuklopfen, wird hereingeflogen oder -spaziert. Neulich flog eine kugelige Meise zur Terrassentür herein, um zielstrebig auf einem der Dachbalken unter der Decke Platz zu nehmen. Vermutlich dachte sie, es handele sich um einen sehr stabilen Ast. Dass er eckig ist, störte sie dabei nicht. Vielleicht war es eine moderne Designmeise, die auf eckigen Ästen ihr Nest baut. Rund ist out, ihr Vollmeisen! Irgendetwas behagte ihr dann aber doch nicht, vielleicht war es das falsche Holz, sie flog aufs

Fensterbrett. Ich flog auch zu dem Fenster, um es aufzureißen und ihr den Weg nach draußen zu weisen.

Einen Tag später kam dann Jokers Katzendouble vorbei. Wie das beste aller Haustiere ist die Mieze grau getigert und füllt ihren Catsuit proper aus. Üblicherweise spaziert sie mit meinen Gästen in die Wohnung. In dem Fall lässt sie sich via Sprechanlage ankündigen: „Wir sind zu zweit. Lässt du uns rein?" Seit der warmen Jahreszeit hängt sie den Tag über gerne im Korbstuhl vor unserem Haus ab. Sie chillt, bis ich von der Arbeit komme und sie störe. Großzügig hält sie mir dann ihr Köpfchen zum Streicheln hin und gibt meistens noch eine Zugabe, indem sie mir ihren dicken Bauch präsentiert. Hier bitte auch streicheln. Natürlich komme ich der schnurrenden Aufforderung gerne nach. Manchmal reicht es ihr und sie wünscht weiterzudösen. Dann rollt sie sich zusammen und dreht mir den gestreiften Rücken zu.

Manchmal ist ihr aber nach einem Ortswechsel, dann tappt sie mit mir die Treppen nach oben. Besser gesagt bin ich es, die erschöpft nach oben tappt. Während die Mieze munter vor mir die Stufen hochsprintet. Neulich war es wieder so weit. In meiner Wohnung angekommen, trabte sie den Gang selbstbewusst entlang. Kurz steckte sie ihren Kopf in jede Zimmertür, wie ein Vermieter, der in seinem Eigentum mal nach dem Rechten sieht. Fast wollte mir der Klamottenhaufen auf dem Schlafzimmerboden peinlich sein, dann fiel mir ein, dass es sich hier um ein Tier handelte, das sicher andere Maßstäbe in puncto Ordnung hatte als Menschen.

Ich setzte mich auf den Balkon und zückte das Telefon. Die Katze sprang auf einen Stuhl. Kaum hatte ich mein Telefonat begonnen, begann sie sich zu langweilen. Sie machte Männchen, um besser zu sehen. Dann sprang sie auf den Tisch. Vom Tisch hüpfte sie aufs Terrassengeländer und setzte sich auf den

Mauervorsprung, um interessiert am Lavendel zu schnuppern. Mir stockte der Atem. Okay, zweiter Stock, aber auch von da ging es tief hinunter. Ich drohte ihr mit dem Finger, es war ihr schnuppe. Ich versuchte es mit Katzensprache: „Grrr!", sie schaute mich an. „Alles okay?", erkundigte sich die Freundin in der Leitung. „Äh, ja, ich muss nur kurz ... das Tier ... erklärte ich und rüstete mich für einen schnellen Zugriff. Das Telefon zwischen Ohr und Schulter geklemmt, näherte ich mich der Mieze – so langsam, wie sich eine Katze an eine Maus heranschleicht, dann griff ich zu. Das ist das Gute an dicken Katzen. Man bekommt sie gut zu fassen. Sie maunzte kurz verwundert, dann setzte ich sie erleichtert im Wohnzimmer ab. Die Balkontüre schloss ich hinter uns beiden, von innen. Auf dem Sofa telefoniert es sich ja auch bequemer. Katzen haben einfach oft recht.

Ich tätschelte ihr Köpfchen und wandte mich wieder meinem Telefonat zu. Oder besser, ich wollte mich dem Anruf zuwenden. Aber die Katze wollte es nicht. Sie begann sehr viel mit mir zu sprechen. Mehr als die Anruferin in meiner Leitung und zunehmend lauter. Miau! Miauu! Miaaaau! Ich seufzte.

Wie konnte ich es nur vergessen – Katzen wollen eines nicht: die zweite Geige spielen. Katzen möchten unsere ungeteilte Aufmerksamkeit. Ob sie die dann erwidern, ist wieder eine andere Sache. Aber die Katze möchte selbst entscheiden, wen sie ignoriert. So steht es im Katzengesetzbuch. Dort steht auch, dass die Katze die besseren Nerven hat.

Ich gab auf und erhob mich vom Sofa. „Vielleicht musst du raus?" überlegte ich laut. Sie folgte mir tänzelnd bis zu Wohnungstüre. Ich öffnete die Türe. Die Katze schaute hinaus. Ich schaute, wie sie schaute. Dann schaute sie zu mir hinauf. ,Was soll ich da? Ich? Nach draußen? Wie kommst du darauf?' schien sie sagen zu wollen. Ich schloss die Türe und drehte mich um. „Miau!", ertönte es hinter mir. Jetzt wollte sie doch gehen.

Ich begleitete sie nach unten. Wie Joker wurde auch sie von der Schwerkraft schnell treppab gezogen. Ich öffnete ihr die Haustüre. Sie machte einen zögernden Schritt hinaus. Oh, es tröpfelt, ich weiß nicht, ob mein Fell wasserdicht … Schneller, als sie das denken konnte, schloss ich die Tür hinter ihrem gestreiften Rücken. Manchmal muss man Fakten schaffen.

Ach ja, das Telefonat. Ich habe irgendetwas vereinbart, keine Ahnung. An die Freundin: Bitte melde dich noch mal. Sonst war der ganze Anruf für die Katz!

ATTENZIONE,
GROSSER MAUSVERKAUF!

Kurz vor Ostern stand eine Kollegin im Türrahmen und sagte einen wahren Satz: „Daheim ist es auch schön. Aber so schön dann halt auch wieder net." Deshalb verreist sie jetzt mal lieber.

Um sich hinterher dann an die Urlaubszeit zu erinnern, bringt man nicht nur anderen, sondern auch sich selbst oft etwas mit. Allerdings sollte man dabei aufpassen. Die Dinge, die einem im farbenprächtigen Kontext des Urlaubsortes als wunderbare Idee erschienen, können im Frühlingsnieselregen in Feucht plötzlich ganz anders wirken. Ungefähr wie eine Boa constrictor neben Regenwürmern. Etwas übertrieben. Das pink-gelbgrüne Batik-Kleidchen vom italienischen Strandverkäufer, das ich vor Jahren erstanden habe, habe ich hier bislang genau null Mal getragen. Die türkise ägyptische Tunika, die bunten indischen Bollywood-Beutel und auch die knallrote Tasche aus Valencia, sie alle sahen vor azurblauem Himmel, auf Terrakottaboden oder Wüstensand sehr gut aus. Mit Landung in Nämberch City wirkten sie dann irgendwie überdosiert. Merke: Das Souvenir funkelt am Urlaubsort am hellsten.

Im schönsten Land der Welt habe ich neulich etwas für mich Seltenes getan: Ich habe geshoppt. Besser gesagt wurde ich geshoppt. Von einer engagierten Verkäuferin mit höchster Sprungkraft in sich und ihren Locken, in deren Laden ich mich „nur mal umschauen" wollte. Als einzige Kundin im Laden, entwickelte sich aus dem Umschauen schnell ein Gespräch, an dessen Ende ich mit fünf Kleiderbügeln bestückt in die Kabine geschickt wurde. Um mich danach dem Urteil der

Verkäuferin und ihrer Kollegin zu stellen. Sie werden es nicht glauben, aber mir steht einfach alles! Ehrlich, die beiden waren be-gei-stert! „Che bello! Ti sta benissimo!" lobpreisten sie mich, als ich in einer Bluse mit aufgedruckten Leoparden aus der Kabine trat. Die mir freilich die Locke herausgesucht hatte. Katzen waren bei mir bislang eher als Haustiere und nicht auf der Kleidung ein Thema. Auch die sonnengelbe Jacke aus weichem Plastikleder schien wie für mich gemacht. Okay, für mich in etwas zierlicher. Sie war vielleicht ein kleines bisschen eng. Egal. So große Bewegungen machte ich mit meinen Armen ja nicht, oder? Ich regelte ja schließlich nicht den Verkehr zuhause in Germania, no?! Und mit den Armen nah am Körper und offenem Reißverschluss saß die schöne Zwangsjacke tadellos. Ich ließ sie einpacken. Genau wie die Hose, die mir die Dunkelgelockte danach reichte: halb Jeans, halb Jogginghose mit einem Porträt von Micky Maus auf dem Gesäß. Auch sie stand mir, versicherten mir beide, benissimo. Dass eine 85-jährige Kundin eben diese Hose vor ein paar Tagen gekauft hatte und damit auf dem Leib direkt aus dem Laden spaziert war, überzeugte mich dann vollends.

Her damit, hinein in die Tüten, Geld spielt keine Rolex! Ich leistete meinen Beitrag, um die italienische Konjunktur anzukurbeln. Die Gelockte merkte, sie hatte mich am Wickel. Und legte noch eine Schippe drauf. Bei ihrem nächsten Vorschlag griff ich instinktiv zur Sonnenbrille: In grellbunten Farben in psychedelischer Musterung leuchtete mir auf einem Kapuzenpulli wieder Mickys Gesicht entgegen. Dazu reichte sie mir ein paar Hosen, die aussahen wie von Robin Hood geklaut. Brav schlüpfte ich in der Kabine in die Ware. Großer Applaus brandete auf, als ich mein Kostüm präsentierte. Ecco! Fantastico! Ich weiß nicht, was es genau war, das mich abhielt, auch noch diese Maus zu kaufen. Vielleicht die frische Luft, die mit der nächsten Kundin in den Laden kam. Ich widerstand. Auch dem ausgeflippten Mini-Täschchen und dem großen Beutel, den man doch eigentlich immer brauchen kann. Ich sagte wie Amy Winehouse: „No, no, nooo!"

Daheim, da wo es auch schön ist, aber nüchterner, erfreue ich mich jetzt an den bunten Mitbringseln. Wenn Ihnen ein zufrieden dreinschauendes Kasperle auf der Straße begegnet, das stolz Micky Maus auf dem Hintern spazieren trägt, lassen Sie mich in dem Glauben, dass es mir fantastisch steht. Per favore …

DIE ANONYMEN
AUFSTELLSÜCHTIGEN

Die erste Nacht unter einem neuen Dach ist verheißungsvoll. „Merk dir, was du träumst!", wies mich nicht nur eine Freundin an. Gespannt erwachte ich im neuen Heim und spulte mein Traumkino rückwärts ab: Es waren viele Menschen anwesend, es war laut und bunt. Okay, mein Leben scheint zu bleiben, wie es ist.

Wer in einem neuen Heim erwacht, stellt sich auch die Frage: Wo befinde ich mich? Denn die Toilette liegt an einem ungewohnten Platz, die Küche ist auf der falschen Seite – und woher kommt dieser lange Gang? Apropos: Ohne angeben zu wollen, möchte ich erwähnen, dass mein neues Heim geräumig ist. Gäste überlegen es sich zweimal, ob sie den langen Weg vom Westflügel in den Ostflügel zum WC auf sich nehmen. Einigen gebe ich eine Wegzehrung mit, anderen einen Kompass. Mein Zuhause ist so groß, dass darin unterschiedliche Jahreszeiten herrschen. Wer eintritt, verhält sich wie bei der Ankunft in südlichen Gefilden. Dick eingemummelt kommt der Gast und wirft dann Schritt für Schritt immer mehr Lagen ab. Am Ende sitzen die meisten im Unterhemd da – vielleicht sollte ich doch mal die Heizungsanlage vom Fachpersonal runterregeln lassen. Um die Heizung zu bedienen, reicht ein Studium nämlich nicht aus. Hier bedarf es eines Aufbau-Kurses: „Schaltfelder der Fußbodenheizung unter besonderer Berücksichtigung von Tages- und Nachtzeiten". Herrscherin über die Heizung ist allein die Freundin, die vorher hier wohnte.

Der Plan für mein neues Zuhause ist, den Kampf gegen die Dingelchen aufzunehmen. Schluss mit hier und da ein Sächelchen, hinfort mit dem Herz-Zwerg, dem hüpfenden Ei, den gefühlt hundert romantischen Windlichtern. Kein Ding zu viel soll in meiner Wohnung sein. Purismus habemus!

Soweit der Plan. Zwei Tage nach meinem Einzug befanden sich plötzlich sechs Teelichthalter auf dem Fenstersims und ich ertappte mich dabei, wie ich heimlich eine große pinkfarbene Stoffblume auf den Vitrinenschrank dekorierte und einen Porzellan-Leoparden neben den Fernseher. Erschrocken hielt ich inne.

Vielleicht sollte ich eine Selbsthilfegruppe aufsuchen, die Anonymen Aufstellsüchtigen: „Hallo, mein Name ist Anette und ich bin Dekorateurin. Einen Tag hatte ich es im Griff, aber gestern hatte ich einen schlimmen Rückfall. Mitten in der Nacht habe ich zum Karton gegriffen und dann sechs Teelichthalter und den Herz-Zwerg aufs Fenstersims gestellt."

Gut, vielleicht bin ich nicht der puristische Typ. Ich mag Sachen. Aber die Dosis muss künftig streng kontrolliert werden. Keine Dingelchen-Exzesse mehr. Gestern hatte ich zwei Freundinnen zu Gast. Beide überreichten mir strahlend ein Tütchen. Mit jeweils einer Duftkerze. Ich bedankte mich höflich. Was sie nicht wissen: Ich habe ihnen heimlich in die Jackentaschen je einen Porzellan-Mops gesteckt. Ausgleich muss sein.

WAAFER UND ZIPFEL

Früher wurde ich nach meiner Katz' gefragt, jetzt heißt es: Wann kommt amal widder was Frängisches? Antwort: Jetzerd. Und damit sind wir schon in medias res, damit sich mein Lateinunterricht mal auszahlt. Also mittendrin halt. Um auszudrücken, dass etwas unverzüglich passiert, gibt es im Fränkischen mehrere Möglichkeiten. Die softe Variante: edzerdla. Wie bereits in dieser Kolumne besprochen, drückt sie auch oft Zufriedenheit über eine bereits gelungene Aktion aus. Der Nippel ist durch die Lasche. Edzerdla hammer's.

Daneben gibt es aber auch eine zackige Variante. Eine, die der Ministerpräsident gerne verwendet. Er sagt nicht edzerdla, sondern jetzerd! Jetzerd ist die dynamische Variante des etwas bräsigen edzerdla. Wer ein Trinkspiel veranstaltet, wenn der Ministerpräsident in einer Talkshow sitzt, und immer dann anstößt, wenn dieser „jetzerd" sagt, der kippt relativ schnell vom Sofa. Jetzerd, jetzerd, jetzerd! Jetzt klingt da fast lahm dagegen.

Und es gibt einige Worte, die im Fränkischen viel schöner sind als in der Hochsprache. Sternlasspeier zum Beispiel. Wunderkerze, okay, nee. Das kommt nicht hin. Wunderkerzen entzünden vielleicht Bürohengste in ihrer Doppelhaushälfte. Wirklich leidenschaftliche Menschen lassen für ihren Schatz Sternla speier. Wenn das nicht romantisch ist. Zu viel Bier sollten sie dabei allerdings nicht konsumieren, sonst speien am Ende sie und sehen Sternla. Das wäre edzerdla weniger romantisch.

Seine Mitmenschen mit nur einem Begriff treffend beschreiben, auch das kann man mit dem Fränkischen sehr gut. Jemand, der sehr nah am Wasser gebaut ist, der gerne jammert und rührselig ist, ist ein Greinmeichele.

Ein windiges Zigarettenbörschla ist ein männliches Wesen, meist jünger, mit zweifelhaftem Leumund und Absichten. Jemand, mit dem man lieber keine Doppelhaushälfte beziehen sollte.

Das Bederle auf alle Subbn hat es zurzeit schwer. Denn die Person speist sich daraus, auf allen Hochzeiten gleichzeitig zu tanzen und überall mitzumischen. Momentan sitzt das Subbn-Bederle vermutlich traurig dahamm und ist ein Greinmeichele.

Der Gschaftlhuber ist einer, der nie a Rouh gibt. Er muss machen und tun und erberdn – oder es wenigstens vorgeben.

Wenn einen ein Waafer ereilt, dann kann man dem Tag „Gut Nacht" sagen. Denn der Waafer redet so viel Belangloses, dass man hinterher in keinen alten Schlappen mehr passt. Man ist total zugwaaft worden. Bei seinem Ableben muss die Goschn extra derschlong werden. Jemand mit Schwertgoschn spricht auch viel, kann sich aber gut ausdrücken und spricht schnell, was dem Franken unheimlich ist.

Die Gräfin Mariza ist eventuell nur mir bekannt. Wer sie außerhalb der Operette auch kennt, bitte melden. In meinem familiären Umfeld wurden damit weibliche Personen bezeichnet, die sich für höherstehend halten. Was sich schon in deren Körperhaltung ausdrückt. Die auch sofort verurteilt wurde: „Schauner, wie die hersteichd." Nicht nur gehen, sondern steigen. Von der inneren Haltung her über andere (Leichen) drüber.

Die Bridschn wurde schon ausführlich behandelt, das männliche Pendant wäre da eventuell, Pardon, der Zipfel. Eigentlich fortschrittlich beziehungsweise ein gerechter Ausgleich in der Sexismus-Debatte: Männer durch Reduktion auf ihr Geschlechtsteil zu degradieren. Du Zipfel!

Um im Feld der Obszönität zu bleiben: Das Gschmarri kennt eine Steigerung. Wenn Blödsinn noch getoppt wird, dann handelt es sich um Arschgschmarri.

Ob Sie diesen Text als solches einordnen wollen, bleibt Ihnen überlassen. Ich bin fertig jetzerd!

ANLEITUNG ZUM
GEBURTSTAGFEIERN

Um einen möglichst entspannten Geburtstag zu erleben, empfiehlt es sich, die Nacht vorher beschissen zu schlafen. Und daraufhin zu lange. Schon starten Sie erschlagen und zu spät in den Tag. Wer kann, lässt Kaffee anbrennen und Eier (roh!) fallen. Ein letztes Stückchen schimmeliges Brot rundet die Morgenroutine ab. Schalten Sie das Handy an und empfangen Sie 104 Nachrichten. Gegen das Klingeling ist Jingle Bells gar nichts. Freuen Sie sich, dass so viele liebe Menschen an Sie gedacht haben. Aber nur kurz, denn jetzt ist der Speicher Ihres Handys so voll wie Mumbai. Deshalb macht Ihr Telefon die Grätsche. Kein Problem, wer wird

Sie heute schon erreichen wollen? Eine Kollegin, die videotelefonieren möchte zum Beispiel. Sie verhindern in letzter Sekunde, dass man Sie mit abstehenden Locken im Schlafanzug sieht, dann springen Sie um zwölf Uhr frisch wie ein alter Waschlappen aus den Federn.

Sie stellen fest, dass Ihre Wohnung nicht präsentabel ist. Und die faulen Heinzelmännchen ihr Werk über Nacht nicht getan haben. Sie greifen zu Feudel und Besen, sprich zum Staubsauger. Saugen Sie alles ein, was durch den Schlitz geht. Fürs Aufheben ist keine Zeit. Es kommt zwar nur ein Hausstand, aber auch der sollte die Wohnung betreten können, ohne sich die Beine an Staubmäusen zu brechen.

Vergessen Sie nicht, zu entspannen und heiter zu sein. Schließlich ist heute Ihr Geburtstag! Springen Sie schnell in die Dusche, denn gleich kommt ein befreundetes Paar vorbei, um einen kleinen Geburtstagsgruß auszuhändigen. Schlittern Sie auf nassen Füßen knapp am Haxenbruch vorbei der Türsprechanlage entgegen. Werfen Sie sich in Rekordgeschwindigkeit in die nächstbesten Klamotten und öffnen Sie mit einem Lächeln. Draußen stehen zwei Menschen, die Sie ein Jahr vorher für Protagonisten in einem Apokalypse-Thriller gehalten hätten. Mit Mütze und kaffeefilterähnlicher Maske auf der Nase. Am Blumenstrauß erkennen Sie, dass es sich um die Geburtstagsgratulanten handelt. Plaudern Sie kurz im Treppenhaus und beglückwünschen Sie sich danach selbst, dass die Türe nicht hinter Ihnen zugefallen ist. Sonst wären die nächsten Gratulanten nämlich die Mitarbeiter des Schlüsseldienstes gewesen.

Beantworten Sie auf dem Laptop ein Zehntel der Nachrichten, fallen Sie dann in Unterzucker. Stürmen Sie aus dem Haus, um sich ein Mittagessen des Lieblingsimbisses einzufangen. Jagen Sie hin und schnell wieder zurück. Gerade als Sie mit bereits zitternden

Händen in den Fisch spießen wollen, klingelt die Nachbarin. Lassen Sie die Gabel sinken. „Aaaah, hallo! Merci! Juhu! Danke, toll, tschüss." Uff. Spachteln Sie jetzt schneller, denn in zehn Minuten müssen Sie aus dem Haus, zum Geburtstagsspaziergang mit Ihrer besten Freundin. Spaziergänge im November sind herrlich. Zumal, wenn es nicht regnet, graupelt oder Glatteis hat.

Und es wird auch nicht kalt, wenn die Freundin an dem Tag Siebenmeilenstiefel trägt. Bringen Sie Ihre Freude über deren Agilität zum Ausdruck: „Ey, ächz, kannst du etwas … schnauf … lang … samer? Und freuen Sie sich über die pfiffige Erwiderung: „Was ist los? Ist es das Alter?" Traben Sie zwei Stunden am See entlang. „Weiter hinten ist es ruhiger!", schreit die Freundin über den Baggerlärm zweier Baustellen hinweg. Entspannung pur.

Kommen Sie erschöpft bei sich zu Hause wieder an. Verdrängen Sie die magnetische Wirkung Ihres Bettes. Schlafen, nur schlafen.

Geben Sie nach und legen Sie sich kurz aufs Ohr. Schließlich müssen Sie nur noch den gesamten Einkauf erledigen, eine Lasagne fabrizieren, den Tisch decken und Kerzen anzünden. Da kann man ruhig kurz relaxen. Zumindest fünf Minuten lang.

Dann klingelt der neue Nachbar von unten, dessen XL-Paket Sie angenommen hatten. Außerdem ruft per WhatsApp eine nette Bekannte an. Gleichzeitig ruft auf dem Telefon der Onkel an (Generation Festnetz) und auf dem Handy klingelt eine Freundin. Trotzdem schaffen Sie es irgendwann aus dem Haus. Die Uhrzeit ist seltsam vorgerückt. War Ihr Zeitmanagement etwa etwas eng kalkuliert?

Nehmen Sie im Supermarkt an der längsten Kassenschlange der Welt teil, dann schleppen Sie Ihre Einkäufe ächzend nach Hause. Dort hacken Sie wie Edward mit den Scherenhänden Zwiebeln, Karotten und Sellerie. Dann schichten Sie, schnell wie die fleißigen Handwerker, Nudelplatten, Soße, Nudelplatten,

Soße und Käse, bis Sie etwas erzeugt haben, von dem ein Esslöffel den Tagesbedarf eines Erwachsenen deckt.

Die Lasagne ist fertig. Sie auch. Der andere Hausstand klingelt. Öffnen Sie, sinken Sie auf den Stuhl nieder und atmen Sie aus. Ober-Uff. Sie haben es geschafft. Ein Jahr ist wieder Ruhe. Herzlichen Glückwunsch!

FRANKEN, DIE AUF ZIEGEN STARREN

Was zieht man an, wenn man als Gesellschaftsreporterin zu den Bayreuther Festspielen geschickt wird? Einen Taucheranzug, würde ich im Nachhinein sagen. Mit Harpune. Allerdings würde die einem von den Polizisten vor Ort aus Sicherheitsgründen entzogen. Wie auch der Regenschirm. Der ein essenzielles Gerät bei diesem Termin gewesen wäre. Denn der Standort Deutschland präsentierte sich an diesem Tag von seiner reizendsten Seite: mit Pisswetter von feinster deutscher Güte. Seitdem weiß ich, man muss zum Buße-Tun nicht in die Kirche gehen.

Wer eine Stunde ohne Schirm im Dauerregen kniend auf die schwedische Königin gewartet hat, der weiß am Ende, was Demut ist. Und wo der Spaß für fränkische Adelsfreundinnen aufhört. Bei unnützen Journalisten, die ihnen vermeintlich den Weg zur Promi-Handschüttelung verwehren. Durch ihre bescheuerte Existenz. „Kanner kummt zu unz her! Wall ihr dou rumhoggd wäi die Ziegen!", lamentierte eine Frau im himmelblauen Regencape hinter mir. Nicht einmal, nicht zweimal, sondern eine Stunde lang. Das muss man erst mal durchhalten. Duracell lässt grüßen.

Neben mir kauerten zwei andere Ziegen alias Vertreter von anderen Zeitungen. Reihum entschuldigten wir uns bei der Himmelblauen für unsere Existenz. „Schauen Sie, gute Frau, wir sind ja schon in der Hocke!", versuchte es der Kollege zu meiner Linken. „Wenn die Königin kommt, werden Sie uns nicht mehr sehen", versprach die Kollegin zu meiner Rechten. „Wir machen nur unsere Arbeit", appellierte ich an die Vernunft. Vergebens. „Gäiht wech!! Etz gäiht halt wech!!", blieb sie sich treu. Gott sei Dank hatte die Polizei alle Gegenstände, die als Waffen herhalten könnten, strikt verboten. Ich bin mir sicher, die Himmelblaue hätte uns sonst sofort niedergestreckt.

Die Zuschauer waren aber nicht die einzige Gefahrenzone. Wehe dem, der seitwärts flüchten wollte. Hier drohte sofortige Tötung durch die Kameramann-Armada: „Nicht! Durch! Live-Bilder laufen!!!" Wer aus Versehen im gelben Regencape vor eine Fernsehkamera tritt, kann auch gleich vor einen fahrenden Zug springen. Große Bewunderung hege ich für die Kollegin, die wie „Dead Woman Walking" trotzdem weiterlief, Todesdrohungen und Regentropfen gleichermaßen an sich abperlen lassend. Respekt!

Wie könnte man ein solches Erlebnis noch toppen? Außer mit durchweichten Blöcken, streikenden Kulis und verwackelten Facebook-Video-Versuchen? Mit einer Schreibsituation, die ihresgleichen sucht.

Im Pulk mit rund 40 anderen Journalisten flüchtete ich, abgekämpft wie nach einer Nordpol-Expedition, ins Steigenberger-Bistro nebenan. Um der altmodischen Tätigkeit nachzugehen, einen Text für die Zeitung zu verfassen. Eineinhalb Stunden herrschte Ruhe im eisigen Karton. Dann: Bautz, es ging die Türe auf! Und herein im schnellen Lauf strömten die Gäste, die nun Pause hatten. An meinem Tisch ließ sich ein so edel gekleideter wie enthusiastischer Engländer nieder. „It was fantastic!", schwärmte er und betonte, das Ganze sei sogar noch schöner gewesen als „Cats", das er neulich gesehen hat. Vielleicht habe ich mich aber auch verhört und mein Gehirn wollte zur Aufheiterung etwas Katzen-Content einstreuen. Nach ihm gesellte sich ein reizendes Dreiergrüppchen zu mir, das mir, vom Antipasti-Teller pickend, erzählte, quasi neben Angela Merkel zu sitzen. Mit ihrer Hilfe konnte ich das Material der Kanzlerinnen-Robe als Wildseide bestimmen. Nicht abschließend geklärt werden konnte dagegen die Frage, wie es um das Ehepaar Merkel/Sauer steht. „Sie standen mal auseinander. Aber das tun mein Mann und ich auch." „Und seid ihr noch zusammen?" „Ja!"

Ein unterhaltsames Gespräch, eine illustre Runde. Und wer träumt nicht davon, mit Lederjacke und nassen Haaren zwischen den Premierengästen der Bayreuther Festspiele zu sitzen? Falls das eine Mutprobe ist: Ich hab sie bestanden!

Wie eine Kanalratte zwischen Aristocats, fiel mir das Bild dazu ein, als ich geläutert im Zug nach Hause saß. Ich wollte nur noch eines: eine warme Dusche, ein Sofa, ein Fußballspiel. Und dazu eine Pizza. Von Wagner. Mit Ziegenkäse. Mäh!

PHANTOM PILATES

Die erfreuliche Nachricht des Gesundheitstages bei uns in der Zeitung für mich: Mein Körper fühlt sich jünger, als ich bin. 32 Jahre jung, um genau zu sein. Das ergab die Vermessung meiner Körperwelt. Fett ist auch ausreichend in meinem Körper enthalten. Sonst hätte ich mit einem Schokoriegel natürlich sofort Maßnahmen ergriffen. Ein bisschen mehr Muskeln könnte ich allerdings haben, meinte einer der netten Trainer zu mir. Ungefähr ein Kilo mehr wäre nicht schlecht, wurde mir mitgeteilt. Schade, dass es dafür keine Metzgertheken gibt. „Derfs a weng mehr sei?", würde die Verkäuferin fragen. „Freilich!", würde meine Antwort lauten. Zur Belohnung bekomme ich dann noch eine Gelbwoschd. Nur macht die halt leider auch eher keine Muskeln.

Zum Glück gehe ich regelmäßig zum Pilates. Jedenfalls im Geiste. Und das jeden Donnerstag. Vorgestern war es wieder so weit. Wie jeden Donnerstag erhob ich mich morgens wie Julio Iglesias. „Du bist mein erster Gedanke, wenn ich am Morgen erwach", schmalzte der Weiberheld einst wunderschön. Sein erster Gedanke war vermutlich Carmen oder Juanita. Mein erster Gedanke heißt jeden Donnerstag: Pilates! Um der Ernsthaftigkeit meines Vorhabens Nachdruck zu verleihen, packe ich meine Sportleggings und ein atmungsaktives T-Shirt in einen Jutebeutel. Federnden Schrittes verlasse ich mit ihm über der Schulter das Haus. Heute mache ich Pilates, und ich freue mich schon darauf! Mittags esse ich extra leicht und lasse beim Gyros das Tsatsiki weg. Ab vier Uhr denke ich daran, dass ich daran denken muss, mich online für den Kurs einzutragen. Um halb fünf kräftige ich mich mit einem gesunden Apfel. Um fünf Uhr fällt mir auf, dass mich ein leichter Schnupfen befällt. Um halb sechs befühle ich meine Stirn: Habe ich Temperatur? Um sechs Uhr bin ich sicher, dass es mir nicht gutgeht. Um halb sieben ziehe ich in Erwägung, nach der Arbeit direkt nach Hause zu gehen. Um Viertel nach sieben besteige ich die U-Bahn nach Hause. Und mache zu Hause statt Roll-up den Softegg-Move: Ich hänge meine Sportsachen an die Klinke und nehme auf dem Sofa die Weichei-Stellung ein.

So ging es die ganzen letzten Wochen: Einmal war das Wetter so schön, dass man stattdessen noch einmal an den See gehen musste. Das nächste Mal sabotierte eine Freundin mit einer Essenseinladung meine Pläne. Das übernächste Mal sabotierte ich mich wieder selbst. So weit, so schlecht. Aber vielleicht erziele ich damit doch einen Trainingseffekt: Schließlich setze ich meinen Körper ab dem Morgen mit meinem

Sportvorhaben unter Spannung. Und für Anspannung braucht man was? Muskeln! Ich betreibe Phantom-Pilates, und das sehr konsequent. Ich denke, ich werde mir mein Prinzip patentieren lassen.

Ach ja, letzten Donnerstag habe ich es wieder nicht ins Pilates geschafft. Denn diese Kolumne hier musste da unbedingt fertig werden ...

STADTWURST MIT MUSIK

Alle Jahre wieder steht Nürnbergs Grüner Hügel beziehungsweise Grünes Tal bevor: Das Klassik Open Air. Mit diesen wertvollen Tipps aus Profihand wird es ein voller Erfolg!

1. Sorgen Sie für maximale Entspannung und planen Sie vor dem Klassik Open Air unbedingt eine andere Unternehmung. Fahren Sie an einen See, gehen Sie mit Erwin wandern oder richten Sie einen Kindergeburtstag aus. Nur wer schon total verschwitzt aufbricht, kommt in den vollen Genuss.

2. Bereiten Sie ein paar Snacks vor: Am besten eignen sich Suppen, Fingerfood mit klebriger Mango-Soße und Salate mit extra viel Dressing. Dazu empfiehlt sich raubkopierte Tupperware aus China, die garantiert nicht

schließt. Nur so können Sie später im Dunkeln in Ihrem matschigen Beutel nach der Taschenlampe tasten. Ein haptischer Hochgenuss!

3. Taschenlampe immer vergessen.

4. Machen Sie es wie im Fußball: Stürmen Sie fünf Minuten vor Konzertbeginn aufs Feld und dringen Sie in die vorderen Räume vor. Verdrängen Sie mit gekonntem Pressing die umliegenden Nachbarn. Die bewundernden Blicke, die Ihnen zugeworfen werden, können Sie gleich auffangen und als Messer verwenden, um Ihren Stinkekäse aufzuschneiden.

5. Trinken Sie, was das Zeug hält. Am besten Wasser oder Bier. Denn der Besuch der romantischen Dixi-Klo-Anlage zur Halbzeit ist das zweite Highlight gleich nach dem Feuerwerk.

6. Wenn Sie Kinder in unpassendem Alter haben, bringen Sie sie zum Abendkonzert mit. Wenn nicht, ist jetzt die beste Gelegenheit, das dreijährige Patenkind endlich in die Welt des

Stillsitzens einzuführen. Kinder lieben es! Und alle Umliegenden sowieso.

7. Alternativ können frisch Verliebte hier endlich einmal zeigen, welche atemberaubenden Positionen sie beherrschen. Ex-Verliebte nutzen die laue Sommernacht für ein ausführliches Beziehungs- oder Trennungsgespräch am Handy. Sprechen Sie ruhig laut und deutlich. Die da vorne musizieren ja so laut!

8. Gehen Sie mit dem Anspruch eines echten Konzertgängers zum Klassik Open Air. Regen Sie sich auf, dass 100.000 Menschen nicht einmal gleichzeitig alle mucksmäuschenstill sein können. Um zu demonstrieren, wie das geht, zischen Sie alle zwei Minuten „Pscht! Pscht! Pscht!!" in die Runde.

9. Seien Sie schlauer als alle anderen und warten Sie nicht bis zum Ende: Packen Sie beim vorletzten Stück geräuschvoll zusammen – vielleicht lernt ja der ein oder andere etwas von Ihnen. Während sich das schönste Feuerwerk

Nürnbergs dann farbenprächtig am sternen-
klaren Firmament entfaltet, sitzen Sie zum
Glück schon in der U-Bahn nach Muggenhof.

10. Andernfalls fahren Sie im trauten Kreis
von 50.000 Menschen in der Straßenbahn zum
Hauptbahnhof. Und am nächsten Tag gleich
wieder hin, eine Decke auslegen für die
Fortsetzung eine Woche später.

DIE MAUSBEAUFTRAGTE
DER REGION

Wenn einer bei sich ein Mäuslein hat, dann kriegt er was erzählt. Dank zahlreicher Zuschriften weiß ich jetzt, wer, wann, wo wie viele dieser Tierchen bei sich in der Region beherbergt. Von Nürnberg über Fürth bis Erlangen, vom Nürnberger Land bis Pretzfeld bin ich bestens informiert. Vielleicht bewerbe ich mich beim Statistischen Bundesamt als Mausbeauftragte. Ich sehe mich schon Umfragebögen entwerfen. Frage 1: Haben Sie eine Maus und wenn ja, wie viele? Frage 2: Seit wann leben Sie in einem Maushalt? Frage 3. Bringt die Maus Miete ein oder nur Köttel? Und die wichtigste Frage 4: Was ist die bevorzugte Nahrungsquelle des bei Ihnen lebenden Nagers?

Zu letzter Frage haben die Leserinnen und Leser viele Vorschläge, basierend auf Erfahrungswerten. „Nougat!", preist ein Mauserfahrener als ultimativen Tipp an, um das Nagetier in die Falle zu locken. „Mit Speck fängt man tatsächlich Mäuse", rät wiederum ein anderer. Von Schokokeksen über alte Schokohasen, von Gurkenscheiben bis zum Klassiker Käse reichen die Menüvorschläge. Mit Twix wird das nix, meint dagegen ein anderer Leser: „Die von Ihnen genannten Köder von Pistazien bis Twix sind bei der modernen Maus ‚out'. Aufgeklärte, moderne Mäuse lieben Biomöhren und Sonnenblumenkerne aus der Region."

Viele raten mir dringend zur besten Mausefalle: einer Katze. Mit ihren Miezen Romeo und Julia war sie schnell vom Maushalt befreit, schreibt mir eine nette Leserin, die im Langen Johann in Erlangen wohnt und ein Beleg dafür ist, dass es die Nager locker in den 19. Stock eines Hochhauses schaffen. An der

Stelle: Respekt an alle Mäuse für diese Houserunning-Leistung!

Leider belegte die Dame mittels eines Fotos auch meinen heimlichen Albtraum: die Maus, die einen fast in den Hintern beißt. Auf dem Bild schwimmt das Mäuslein in der Kloschüssel. Es wurde danach rausgefischt, abgetrocknet und in die Freiheit entlassen. Die Wellnessbehandlung kam bei den Mäusen offenbar gut an, denn sie besuchten die Tierfreundin immer wieder. „Einfangen und runtertragen, so ging das jahrelang", schildert die Leserin. Bis Romeo und Julia auf den Plan traten …

Grundsätzlich gibt es unterschiedliche Mausfänger-Typen: die Streber, denen die Maus ordnungsgemäß spätestens nach zwei Tagen in die Lebendfalle marschiert. Die Vergeblichen, die wie ich erfolglos Fünf-Gänge-Menüs in der Falle kredenzen und doch leer ausgehen. Die Tierlieben, die das Mäuslein domestizieren und bei sich wohnen lassen (okay, sie sind rar), und die Pragmatiker, die die Todes-Falle zuschnappen lassen, weil ein Maushalt ungesund ist für den Menschen.

Das ist mir aber zu hart. Ich hege die Hoffnung, dass Miss Maus einfach ihren Koffer packt und geht. Vielleicht zu Recht, denn schon seit geraumer Zeit habe ich weder sie noch ihre Hinterlassenschaften gesehen. Mäuse verschwinden manchmal tatsächlich einfach so, wie sie gekommen sind, teilte mir nach einer Lesung eine ältere Dame lächelnd mit. Ich freute mich. „Aber", fügte die Frau an, „sie kommen auch wieder zurück."

Forstsetzung folgt.

DER KÜRBIS KANN GEHEN

Als begnadete Köchin habe ich neulich wieder einmal Gäste bewirtet. Zweimal im Jahr schaffe ich das. Einmal davon sogar ohne Pizzalieferdienst. Zu den drei Gerichten, die mein Repertoire umfasst, zählt die Kürbissuppe. Leider stößt sie längst nicht mehr überall auf Gegenliebe. Gerade als ich den letzten Schöpfer davon eingefroren hatte, ließ ein Freund auf Facebook seinem Grant über das Gemüse freien Lauf.

„Kürbissuppe. Überall. Würg", wetterte er. Sämtliche Kürbishasser klatschten Beifall. Tod dem Kürbis, war der Tenor aller.

Empört ließ ich die Kelle sinken. Der arme Kürbis – was hatte er den Leuten nur getan?

Lange Zeit fristete er ein Schattendasein in deutschen Küchen. Die Erinnerung an Omas süßsauer eingelegte Kürbisstücke – oh Graus – war einfach noch zu nahe. Dann plötzlich wurde er von der Öffentlichkeit entdeckt. Kometenhaft stieg der Kürbis auf und war bald Hipster-Gemüse Nummer eins.

Im Windschatten seiner Pausbacken ergriffen hippe Trittbrett-Gemüsesorten wie Pastinaken oder Topinambur die Chance, ebenfalls ein bisschen berühmt zu werden.

Der Kürbis machte im Folgenden alles platt: Kartoffelbrei? Der konnte sich jetzt von den Tellern schleichen. Das Steak wurde von trendbewussten Köchen ausschließlich an Kürbisstampf gereicht. Dazu Feldsalat mit Kürbisschnitzen und zum Nachtisch Kürbis-Cupcakes. Als Vorspeise natürlich Kürbis-suppe, Kürbissuppe, Kürbissuppe! Mit so viel Ingwer, dass die Gäste aus den Ohren dampften wie Teekessel auf 100 Grad. Selbst Omas süßsaure Einlegeware wurde wiederentdeckt:

als Kürbis-Pickles. Total lecker. Lange Zeit feierte der Kürbis ein Leben in Saus und Braus. Er war der Star aller Titelbilder, die Königin Silvia der Koch-Zeitschriften.

Und er hatte noch ein Neben-Business: Wer ihn partout immer noch nicht essen wollte, der musste ihn zumindest aufstellen. Als Deko-Element auf dem Wohnzimmertisch, vor dem Fenster, vor der Haustür. Der Kürbis war schlimmer als die Knubbelblume: Er war überall. Im Ganzen oder dekorativ ausgehöhlt, verbreitete er orangefarbene Heimeligkeit. Jetzt passiert ihm das, was allen hochgepushten B-Promis irgendwann passiert: Man lässt ihn fallen wie eine – haha – heiße Kartoffel. Sein Abstieg hat begonnen und er ist unaufhaltsam. Die ihn einst hochlobten, rümpfen jetzt plötzlich die Nase. Der Kürbis stinkt, ist nur mehr Mainstream-Food. Ich aber sage: Nein! Kürbis, ich halte zu dir. Du bist mein Glubb. Ich bleibe dir treu. Denn ich bereue diese Liebe nicht!

MANCHE MÖGEN'S HEISS

Es ist ein Phänomen. Rollt sich im normalen Alltag ein T-Shirt hoch und entblößt den Bauch oder rutscht die Hose, ist es den Menschen hochnotpeinlich. In der Sauna dagegen präsentieren sich alle, wie Gott und die Tätowiernadel sie geschaffen haben – ohne Wimpernzucken. Warum? Die Sauna ist ein Parallel-Universum, ein Planet, auf dem ganz andere Gesetze herrschen. Was man alleine schon an der Raumtemperatur erkennen kann. 90 Grad im Schatten?! Auf dem Planeten Sauna ganz normal. Entsprechend tummelt sich auf dem Gestirn auch eine ganz besondere Spezies, die sich in folgende Archetypen unterteilen lässt.

Der Pruster: Der Vertreter dieser Spezies kommuniziert am liebsten in Grunzlauten. Selbst bei geschlossenen Augen bekommt man mit, wenn er die Sauna betritt. Unter langgedehntem „Ah"- und „Oh"-Gestöhn lässt er seinen Körper zu Brette. Fünf Sekunden hält er es aus, dann geht es los. Wie ein Wal an Land stößt er aus geblähten Backen Luft aus. Ein geübter Pruster schafft 30 Pruster in der Minute und hält das Ganze zehn Minuten lang durch. Die meisten seiner Zellengenossen nicht, weshalb er oft die Sauna für sich allein hat.

Oft ist er gekreuzt mit dem Schweißverteiler: Diese Spezies, der auch Frauen angehören, ist der Überzeugung, der Saunagang gilt nur als korrekt, wenn alle austretenden Schweißtropfen einheitlich über den Körper verteilt sind. Der Prototyp des Verteilers hat eine Glatze. Und kann sich so tatsächlich von Kopf bis Fuß mit seinem Fleischfond einreiben. Weil bei 90 Grad jede Form der Betätigung anstrengend ist, wird der Schweißverteiler dabei oft zum Pruster. Auch er sitzt am Ende meist alleine in der Sauna.

Der Schläfer: Sein natürliches Habitat ist der Ruheraum. Dort liegt er stundenlang im Reich der Träume, Bademantel wie Mund weit offen. Mit jedem Grad mehr an Entspannung schnarcht er lauter. Am Ende dröhnt es aus dem Ruheraum wie aus einer Bärenhöhle zur Winterschlafzeit. Seine Zimmergenossen versuchen, sich mit Taschentüchern in den Ohren schallzuisolieren. Der Schläfer regt alle auf, gleichzeitig hält einen der Geräuschpegel von der schlimmsten Blamage ab: selbst in Morpheus' Arme zu gleiten und nichtsahnend mit aufgerissener Klappe die Sauna zu beschallen.

Der Wichtige: Er ist im Betrieb unabkömmlich. Weil ohne ihn nichts läuft, sitzt er nackt und dampfend im Außenbereich auf einem Handtuch und presst das Handy ans Ohr. „Schreiben Sie dem Meier, unter 50 machen wir es nicht. Asap!" Menschen, vor denen man weniger Respekt haben möchte, soll man sich bekanntlich auf dem Klo vorstellen. Die Sauna ist noch besser!

Der Dauergast: Er oder sie bewegt sich mit einer Nonchalance durch die Sauna, die nur derjenige aufbaut, der täglich kommt. Und das seit 20 Jahren. Mit geschlossenen Augen findet der Dauergast seinen Spind. Ohne auf die Knöpfe schauen zu müssen, aktiviert er in der Dusche Platzregen, 25 Grad. Neuankömmlinge brauchen dafür einen halben Tag. Auf seinem Stammplatz hält er Hof – ist es eine Sie, packt sie im Laufe des Aufenthaltes ein Zehn-Gang-Menü aus der Tasche. In der Begegnung mit dem Dauergast hat man das beklemmende Gefühl, jemanden in seinem persönlichen Badezimmer zu stören.

Die Besetzer: Der oder die Besetzer(in) hat denselben Genpool wie der Handtuch-Leger auf Teneriffa. Statt Strandliegen besetzt er mit Saunatuch und Taschen „seine" Liege. Mit vollem Recht, wie er glaubt. An Schildern, die Gegenteiliges verkünden, gleiten seine Augen ab wie Spiegeleier an einer Teflonpfanne. Kommt es zu einem Duell, sprüht er den Gegner mit gesundem Anti-Alu-Deo nieder. Und raucht dann außen eine.

Die Schönen: Sie sind der Quell der Frustration. Bis etwa 17 Uhr kann man sich bei mittlerer Körperschönheit für völlig in Ordnung halten. Bis – bautz, es geht die Türe auf – die Schönen und Jungen zum Feierabend hereinströmen. Wie ein fieser Spiegel der Erkenntnis machen sie plötzlich allen klar, was straff, trainiert und wohlgeformt wirklich bedeutet. Kommen sie, hilft nur eines: Flucht zurück auf den Planeten Erde. Weil Kleidung tragen auch sein Gutes hat.

BULMERS UND WAGGALA

Allmächd und glabbstas, naa! Selten hat's so viel Gschnuferi gegeben wie auf die Gschnuferi-Kolumne. Dass Franken maul- oder schreibfaul sind, ist damit widerlegt. Die Leser haben mich, um's mit meiner Oma, Gott hab sie selig, zu sagen, fast scho a weng zugwaaft danach. Ganz im positiven Sinn natürlich! Als obs an Gänsarsch gfressen hätten, hamms angerufen, geschrieben und gemailt und mir viele andere schöne fränkische Ausdrücke ans Herz gelegt. Und die hau ich Ihnen jetzt natürlich um die Ohren. Da soll bloß kanner widderbaddn! Erst aber noch ein kurzer sprachhistorischer Ausflug zum Gschnuferi. Der fränkische Autor Helmut Haberkamm ließ mich wissen, woher das

Gschnuferi kommt: „Das Gschnufri oder Gschnufa bedeutet so viel wie Aufmerksamkeit, Beachtung, Erwiderung. Es stammt aus dem Hebräischen und kam über die fränkischen Landjuden in unseren Dialekt: ‚Tschuwa' beziehungsweise ‚tschufe' heißt ‚Antwort'."

Wenn jemand fragt, können Sie jetzt gscheit daherreden.

Genial am Fränkischen ist ja auch, dass es so lautmalerisch ist. Allein vom Klang der Worte weiß man schon, was es geschlagen hat. Wenn gleich der Watschenbaum umfällt oder die Schelln droht, spürt man den Schmerz schon in der verbalen Ankündigung. In ganz brutalen Fällen malt der Franke noch bildlich aus, wie groß die Kraft der Schelln ist. Nämlich so, dass „die Zäh in Arsch nunderfalln". Sorry, für zartbesaitete Gemüter ist diese Kolumne nichts. Der Franke sagt, wie es ist, ob man will oder nicht. Der Grübbel!

Und wenn jemand einen Bulmers aufhat, meistens noch einen mordsdrümmer Bulmers, dann ist schon rein klanglich klar, dass die Person an Schönheitswettbewerben nicht teilzunehmen braucht. Bulmers, da hört man fast schon die Kuh im Stall muhen. Und so schaut der Bulmers-Träger auch meistens aus. Ganz ähnlich ist es beim „Muhaggl", den es auch im Bayerischen gibt. Auch da macht allein das Wort schon klar, dass dieser Mensch eher weniger feinstofflich ist oder sich verhält.

Von diesen liebevollen Beschreibungen der Mitmenschen ist es bloß ein Katzensprung zu den echten Schimpfwörtern. Bei denen es die Franken schaffen, mit möglichst wenig Aufwand und Mundbewegungen das höchste Maß an Verachtung auszudrücken. Zum Beispiel in der D-Trilogie: Doldi, Depp und Dulln. Oder bei der Matz und der Sulln. (Und was sich reimt, ist gut!)

Der Bridschn wiederum schleudert man möglichst viele Konsonanten auf einmal entgegen. Mag man sie trotzdem irgendwie, erklärt man sie zum „Bridschla". Denn auch das gibt es im Fränkischen: Koseworte. Allerdings nicht viele. „Waggerla" oder „Waggala" ist die höchste Form der fränkischen Zuneigung. Sozusagen das Schäufele unter den Liebesworten. Drunter gibt es nur „mei Gouder" oder „mei Goude". Da ist die Romantik schon ein paar Tage her. Der Ausdruck wird gern von Eheleuten gebraucht, die seit 50 Jahren aufwärts verheiratet sind.

Allmächd naa, hab ich Sie etz zugwaaft! Zum Ausgleich dürfen Sie mich gern zurückzuwaafen. Und mir Ihre liebsten fränkischen Worte derzilln. Am Telefon.

Oder Sie schreiben mir einen Brief oder eine E-Mail (Anette.Roeckl@vnp.de). Gern auch die Zugereisten unter Ihnen. Was war das erste fränkische Wort, dass Ihnen hier begegnet ist? Bei meinem Onkel war es zum Beispiel ein Mammalad-Aamala. Verraten Sie's mir, dann mach ich was draus: a schöns Gschmarri halt.

URLAUB IM PALAZZO VECCHIO

Es ist ein altes Gesetz: Je näher der Urlaub rückt, umso mehr drängen sich die Aufgaben. Alles muss noch erledigt werden, und zwar subito. Die Urlaubsfreude weicht der immer dringlicher werdenden Frage: Welcher Depp hat das gebucht?! Und warum? Was ist verkehrt an einer schönen Wohnung in Schoppershof? Muss man sie wirklich mit einem Hotelzimmer in Pisa tauschen? Doch, ja, man muss, stellte ich subito nach meinem Eintreffen fest. Im Land, wo die Zitronen blühen, blüht auch die Lebensfreude. Italiener haben auch Probleme, aber sie sehen dort einfach viel besser aus. Oder werden zumindest mit Pizza, Pasta und Vino serviert. Selbst Regen fällt dort expressiver vom Himmel. Nein, ich bin nicht verblendet. Ich sah und sehe alles glasklar im Lichte völliger Nüchternheit.

Zum Beispiel mein Albergo. Im Internet als Palazzo angepriesen, entpuppt es sich vor Ort als Palazzo Vecchio. Molto vecchio. Eher so Dürerhaus. Aus ungefähr dieser Zeit schien es auch zu stammen. Mit viel Glück und wenig Erschütterung durch die eigenen Schuhe hielt es eventuell bis zu meiner Abreise, hoffte ich. Ich stieß die grünen Fensterläden auf, begrüßte eine kleine Spinne und sog die typisch italienische Atmosphäre ein. Sowie den intensiven Geruch des Lederwarengeschäfts unter meinem Fenster. Das Albergo war ein gutes Beispiel, wie man am besten altert: mit Patina und Stil.

„Buongiorno Signora!", begrüßte mich der Padrone hinter der Rezeption. Sein Name war Fabio und er stand immer in seinem kleinen Kabuff. Vielleicht auch, weil er darin so eingekeilt war, dass er sich nur abends die Mühe machte, sich hinauszuquetschen. Er war dort installiert wie Botticellis Venus in der Muschel. Zum Glück hatte Fabio Klamotten an.

Der rundliche Padrone stellte sich als glühender Fan von „Deutschelande" heraus. Sein Bild davon stammte allerdings aus den 80er Jahren. Damals hatte er zehn Jahre in „Wiesebade" gelebt. Wiesbaden ist seitdem für ihn das Land, in dem Milch und Honig fließen. Und der Rhein. Gerne würde er wieder zurück. „Icke unterschreibe soffodde", teilte er mir mit. Italien sei zwar picobello, was Essen, Meer und Klima betreffe. Aber die Gesetze oder die Bürokratie seien in Deutschland einfach mille volte besser. Er schwärmte davon, wie unkompliziert man einen Führerschein verlängern könne, zum Beispiel.

„Deutschelande isse tippe toppe!", betonte er mit einer Geste, die keinen Widerspruch zuließ. Ich war versucht anzumerken, dass sich Deutschland seit den 80ern eventuell ein wenig verändert hat, ließ es dann aber sein. Man soll Träume nicht ohne Not zerstören. Ich hoffe nur, Fabio bekommt nie Fotos von der Schlange vor dem Nürnberger Einwohneramt zu sehen. Er würde es nicht verkraften.

Außerdem hat er mit mir ein Austauschprogamm vor. Wir tauschen die Länder, die Jobs und die Familien. „Va bene, icke sage meina Mudda Bescheide, dass morgen statte mia eine nette Signora kommte", freute er sich und lachte, dass mit seinem Bauch auch das ganze Kabuff wackelte. Dann wollte er wissen, was er denn beruflich an meiner Stelle zu tun habe. Ich klärte ihn kurz auf. Er hörte auf zu lachen. „O, schreibe?" Er kratzte sich am Kopf. „Kein Problema, ich kann auch nicht tippen", beruhigte ich ihn. Und wegen der Sprache – vielleicht könnte man es per Google-Übersetzer lösen. Wir beschlossen, uns von solchen Kleinigkeiten nicht aufhalten zu lassen.

Ich muss mich jetzt dringend ins Hotelgewerbe einarbeiten. Hinters Kabuff passe ich. Und wenn ich noch ein paar Nudeln mehr esse, schließe ich luftdicht mit dem Tresen ab wie

Fabio. Perfetto. Am schwersten wird es, Geduld im Umgang mit den Touristen zu haben. Nicht mit den Netten, die vor der Kultur Italiens vor Ehrfurcht erstarren („Scusi, aber was ist das auf meinem Teller? Ah, eine frühe Calzone aus dem 16. Jahrhundert! Bello!"), sondern mit den Ignoranten. Wie die zwei jungen Blondinen, die wie Gulliver in Liliput im Frühstücksraum thronten. Genervt schoben sie den Vorhang ihrer Venus-Zotteln zur Seite und bestellten mit Nachdruck: „Twooo expressous!" In solchen Fällen könnte es sein, dass ich heimlich mit der Schere die Capelli etwas verändere. Von der Venus eher so in Richtung praktischer Kurzhaarschnitt.

Wann der Austausch beginnt, werden Sie bemerken. Wenn Ihnen diese Kolumne mal total italienisch vorkommt, wissen Sie, dass ich vermutlich gerade mit la Mamma in Pisa Spaghetti koche. Arrivederci!

DAS GIBT'S IN NÜRNBERG AUCH!

Neulich war ich in New York. Es war groß, es war aufregend, es war unbeschreiblich. Eigentlich hätte ich aber gar nicht hinfliegen müssen, wie mir in einem Gespräch mit meinem Onkel klar wurde. Der Mann ist schwer zu beeindrucken. Ich hab's versucht. Hier zum Beweis der Dialog:

Ich: „Also, das Empire State Building war schon beeindruckend. Von dort oben hat man mal einen Ausblick …"

Onkel (weise lächelnd): „Ja, na ja, glaub ich. Hohe Türme haben wir in Nürnberg aber auch. Zum Beispiel der da im Osten. Wie heißt der noch gleich?"

Ich: „Der Business Tower."

Onkel: „Genau. Der ist auch hoch!"

Ich: „Ja. Jedenfalls, der Central Park, der ist auch Wahnsinn. Da kann man nicht einfach spazieren gehen. Da sind richtige Bahnen eingezeichnet für Jogger, Radfahrer und Passanten!"

Onkel: „Wie am Wöhrder See! Da sind auch Bahnen eingezeichnet."

Ich: „Jaaaa, aber die sind doch ganz anders. Außerdem ist der Central Park viel größer. Überhaupt haben die ja unheimlich viele Parks. Wir waren in einem, dort gab es schmiedeeiserne Tischchen und Stühle, auf die man sich einfach setzen und vespern konnte. So was gibt's bei uns nicht."

Onkel: „Was? Da gehst du bitte mal in den Hummelsteiner Park. Dort gibt es schmiedeeiserne Liegen, auf denen kann man ja wohl auch sein Brot essen."

Ich (mit den Augen rollend): „Aber das sind doch nicht so viele Liegen! Die sind doch immer besetzt."

Onkel: „Als wir dort waren, war alles frei."

Tante (aus der Küche rufend): „Weil's an dem Tag geregnet hat, etz hör halt amal auf, Herrschaft!"

Onkel: „Warst du überhaupt schon mal in den Hesperidengärten? Die Amis, die haben das doch alles von uns! Karlsruhe wurde zum Beispiel auch auf dem Reißbrett entworfen …"

Ich: „Gleich sagst du noch, die Brooklyn Bridge ist eigentlich der Henkersteg!"

Tante: „Ruhe, der Kaffee ist fertig. Wehe, einer sagt, der schmeckt wie bei Starbucks!"

ITALIEN, AMORE MIO

Ferien! Was für ein schönes Wort. Schöner noch als Urlaub. Der wirkt zeitlich begrenzt, auf zwei oder drei Wochen. Ferien aber, das ist die große Freiheit, Meer, Sonne, Sand und Unbekümmertheit. In den Ferien gelten keine Zeiteinheiten. Da wird höchstens in Pommes gerechnet. 15 Minuten, das ist ein Mal anstehen an der Pommesbude im Schwimmbad. Eine genussvolle Nucki-Nuss-Verzehrung entspricht etwa 20 Minuten. Mich als Kind am Meer mit Schwimmreifen, Eincremen und Schwimmflügeln wasserfertig zu machen, dauerte wiederum etwa eine Stunde.

In den großen Ferien können entscheidende Dinge passieren: Amors Pfeil kann einen zum ersten Mal treffen. Mich traf in den großen Ferien, in denen jedes Jahr ein Italienurlaub enthalten war, der Pfeil des Liebesgottes. Mit lang anhaltender Wirkung. Aber ich verliebte mich nicht in eine Person, sondern gleich in ein ganzes Land: Italien. Meine Liebe dazu hing allerdings stark mit Personen zusammen. Dass ich als Erwachsene Romanistik studierte, hatte nur einen Grund: die Bedienungen im Hotel Miriam. Mit weißen Schürzen über den knallengen Röcken liefen sie durch den Speisesaal und riefen sich Anweisungen zu. Eine davon war oft „Aspetta! Aspetta!" Was ich mir als Kind mit „Ah, später, später!" übersetzte. Ich lag damit gar nicht einmal so daneben, schließlich bedeutet „Aspetta" „Warte!". Die kinderfreundlichste Bedienung hatte rote Locken und einen roten Mund, Typ Milvas Großtante. Sie hieß bei uns „Amore", denn so begrüßte sie Kinder, mit ausgebreiteten Armen: „Amooore!"

Die Bedienungen liefen immer schnell, schenkten Suppe und Kaffee ein, räumten hin und räumten ab und klapperten dabei mit Geschirr und italienischen Worten. Und sie hatten sicherlich ein äußerst interessantes Privatleben, malte ich mir aus, wenn sie sich in der Mittagspause auf ihre Vespas schwangen. Für mich als Kind war es der Inbegriff von Freiheit: die Bedienungen, die sich auf die Motorini schwingen und davonbrausen. Zu einem Rendezvous vermutlich. Wahrscheinlich fuhren sie nur heim zu Mama oder in den nächsten Supermarkt, aber ich malte mir als Kind Faszinierendes aus.

Meinen Kinderwunsch, ihre klangvollen Dialoge verstehen zu können, setzte ich im Studium um. Nach zwei Semestern tauschte ich Mediävistik gegen Romanistik. „Ih heittu Hadubrant" (Ich heiße Hadubrant) und „Gurtun sih iro suert ana" (Sie legen sich ihr Schwert an) wollte ich nicht weiter lernen. Mit Althochdeutsch kommt man im Urlaub einfach nicht weit. Ich wollte mich lieber im Land von Pizza, Pasta und „Cocco bello" (so riefen die Kokosnussverkäufer am Strand) unterhalten, als das Hildebrandslied zitieren können. Bestellen Sie damit mal etwas zu essen!

Va bene, es ist mir gelungen. Ich kann mich in meinem Sehnsuchtsland verständlich machen und verstehe auch so einiges, nicht nur Gianna Nanninis Songtexte. Jetzt müsste ich nur noch eines tun: an den Ort des Ursprungs zurückkehren. Nach Pietra Ligure ins Hotel Miriam. Das Internet sagt mir, es existiert noch. Bedienung Amore wird aber inzwischen vermutlich selber bedient, von Enkelkindern oder so. Vielleicht schwingt sie sich auch noch auf die Vespa. Italienischen Frauen ist einiges zuzutrauen.

Ich fasse den ultimativen Urlaubsplan: auf dem Motorrad ins Land der Amore zu fahren. Mehr Freiheitsgefühl geht nicht. Bello und possibile. Wie es war, lesen Sie dann hier.

Schöne Ferien! Buone vacanze!

ODE AN DIE WÄHLSCHEIBE

Wer angesichts eines Wählscheiben-Telefons denkt: „OMG! Was ist das für ein Gadget? Ich feiere seine Form!", kann sich als jugendlich erachten.

Wer dagegen seinen Finger in die Wählscheibe steckt und mit entrücktem Blick die Nummer der Oma, der besten Schulfreundin und, hihi, der Polizei wählt, der ist mindestens der Generation der Boomer zuzurechnen, also jener, die den Zenit der Jugend überschritten haben. Dazu unbedingt ausrufen: Wie lang das gedauert hat, eine Nummer zu wählen!

Die Wählscheibe zackig bis zum Anschlag zu drehen und sie dann zurückschnurren zu sehen und zu hören ist ein befriedigendes Erlebnis. Aber das verstehen nur Menschen, die auch gerne Luftpolsterfolie zwischen den Finger zerplatzen lassen. Man erkannte allein am Sound, wer angerufen wurde: Kurz kurz lang lang kurz lang – das war Oma: 22 99 18.

Das Telefon war früher noch eine Instanz im Wohnzimmer, beherrscht vom Haushalts-anführer, also Mutter oder Vater. „Telefon für dich!", wurde man an die Muschel gerufen, wenn eine Freundin anrief. Das war erfreulich. Das Telefon konnte aber auch eine Bedrohung sein: „So, jetzt rufst du die Tante an, um dich für das Geschenk zu bedanken." Und egal wie laut es in uns „Neeeeeein!" rief, wir mussten es tun, weil die Rücksichtname auf Befindlich-keiten von Kindern und Teenagern damals noch nicht erfunden war. ADHS, Sozial- und Telefon-Phobie waren damals noch nicht bekannt, stattdessen gab es bei uns nur SDNSA: Stell dich nicht so an!

Das Wählscheiben-Telefon meiner Kindheit war moosgrün. Alternativ kann ich mich noch an Geräte in Cremeweiß, Weinrot oder Orange erinnern.

Im Friseursalon meiner Eltern stand der Vorgänger dieses Gerätes: Ein elfenbein-farbener Apparat, aus dem eine Gabel wie Hörner ragte, darauf ruhte der Hörer. Als Kind musste man einiges an Spinat gegessen haben, um ihn überhaupt abheben zu können. Ein respekteinflößendes Gerät, von dem aus man niemals einen Scherzanruf zu tätigen gewagt hätte. Es stammte aus einer Zeit, in der man noch dramatisch auflegen konnte und in der in Büchern Sätze standen wie: „Sie warf den Hörer auf die Gabel." Dazu sah man Marlene Dietrich oder Doris Day wütend den Hörer auf die Gabel knallen. Heute würden sie mit dem Finger auf das Smartphone tippen. Nicht sehr divenhaft. Wer heute theatralisch auflegen will, muss das Handy selber werfen. Sätze wie „Ich hänge jetzt auf!" werden heute gar nicht mehr verstanden. „Die Wäsche oder was?", wundert sich das Gegenüber.

Bei mir zuhause steht ein knalloranges Telefon, unangekabelt. Wenn ich mich jung fühlen möchte, gehe ich wählen. Im Gegensatz zu allen meinen PINs habe ich sämtliche alte Festnetznummern noch parat. Einprogrammiert wie den alten Schlager „Wähle drei drei drei auf dem Telefon ...".

Wenn sich jemand bei mir über den Ohrwurm beschweren möchte, vergesst es: Ich habe den Hörer neben die Gabel gelegt.

STILLE NACHT IN LAS VEGAS

Weihnachtsbaum schmücken. In Filmen und in Büchern stehen Menschen adrett gekleidet auf einer Leiter oder einem Schemel und hängen in aller Seelenruhe noch ein paar funkelnde Kugeln in den Baum, die ihnen von einem pausbäckigen Kindlein angereicht werden. Aus dem Ofen duftet es nach Braten, „O du fröhliche" säuselt es vom Plattenspieler.

Ich stand drei Tage vor dem Heiligen Abend schwitzend vor der Tanne, sechs Meter Lichterkette um den Hals wie eine Schlangenbändigerin. Wer hat dieses System erfunden? Die Kette war keine Kette, sondern in der Mitte ein gordischer Kerzenknoten. Man hätte ihn gut als Ballen auf den Baum werfen können als neue leuchtende Christbaumspitze.

Fluchend versuchte ich, der Boa um meinen Hals Herrin zu werden, als klack, klack, zwei Lichtlein auf dem Boden zerknallten und mich von dem Problem befreiten. Advent, Advent, kein Lichtlein brennt. Stattdessen das Weiblein am nächsten Tag in die City rennt. Zwei Tage vor Weihnachten ist dort zum Glück fast nichts los. Wer muss da noch was besorgen? Alle, stellte ich fest, als ich im Kaufhaus ankam. Ich entschied, dass 16 Lichtlein auf sechs Metern meinem Baum reichten. Bei 35 Kerzen auf 16 Metern Kabelschnur würde ich nur wie eine Roulade unterm Baum enden – falsch gewickelt.

Von den Lichtern allüberall inspiriert, erstand ich im nächsten Laden noch eine Lichterkette, die das Fenster festlich schmücken und für eine ruhige, besinnliche Stimmung sorgen sollte. „Am Fenster steht Elisabeth und wartet, dass die Zeit vergeht", kam mir eine Geschichte aus einem alten Kinderbuch in den Sinn. Ein kleines Mädchen schaut durch ein festlich geschmücktes Fenster auf eine ruhige Winterlandschaft. „Stille Nacht" spielte in meinem Kopf, als ich die Plastik-Lichterkette mit Tesafilm an den Rahmen meines Wohnzimmerfensters klebte. Darauf bedacht, den davor befindlichen Fernseher nicht mit meinem Hinterteil umzureißen. Gespannt steckte ich den Stecker in die Dose. Stroboskopische Blitze zuckten am Fensterrahmen, dann dimmten sich die Lichter, um danach im Sekundentakt an anderer Stelle aufzublinken. Von links nach rechts und von oben nach unten, von hell zu dunkel blinkte und zuckte es in meiner Wohnung. Ähnliche Effekte hatte ich zuletzt in einer Disco um die Jahrtausendwende erlebt. Statt Stiller Nacht hatte ich Las Vegas in der Bude. Im zuckenden Schein versuchte ich, den Beipackzettel aus der Verpackung zu entziffern. Lichterkette mit acht Funktionen. Warum hatte ich das vorher nicht gelesen? Wie ein Gamer auf Speed drückte ich auf dem Einschaltknopf herum. Mit der

Lightshow, die ich damit komponierte, hätte ich mich locker bei „Siegfried und Roy" als Bühneneffekte-Macherin bewerben können. Vielleicht sollte ich es bei den „Ehrlich Brothers" versuchen, überlegte ich, als ich endlich die achte Funktion erwischte: Stillstand. Die Lichterkette leuchtete, Ende. Ermattet nahm ich den Finger vom Knopf und trat zurück. Dekorativ baumelten die Lichtlein über meinem Fenster und verbreiteten weihnachtliche Stimmung im Raum. Erleichtert drehte ich mich um. Fünf Sekunden später hörte ich ein Rauschen hinter mir. Der Lichtervorhang fiel auf Halbmast.

Ich habe die Lichterkette jetzt mit einem Stark-Kleber-Streifen am Rahmen festgepappt. Die hält! Länger, als mir lieb sein wird. Ich wünsch mir schon mal Klebstofflöser vom Christkind, fürs Frühjahr dann. Schöne Weihnachten! Alles wird. Vielleicht sogar gut.

RACLETTE, SO EIN KÄSE!

Willkommen in diesem silvestrig funkelnden Text, bestückt mit Buchstaben in Gold und Silber, wie es sich für das Jahresende gehört. Kaum ist „Last Christmas" verklungen, wird zum nächsten Festakt gerufen. Und da sollte es mit möglichst viel Bling Bling und Aufgeregtheit zugehen, denn schließlich steht ein neues Jahr vor seiner Geburt. Wehe, man möchte dem Ereignis in der Jogginghose auf dem Sofa entgegendämmern! Wenn, dann muss es mindestens eine Festtags-Jogginghose mit Pailletten sein. Mit der hat man sich dann an ein Raclette zu setzen.

Welcher Depp hat dieses Ritual eigentlich erfunden? Im Schweiße seines Angesichts muss man sich in winzigen Pfännchen Speisen bauen, bei denen man zusammenfügt, was nicht zusammengehört. Shrimps und Ananas mit Käse überbacken. Grüner Spargel, Salami und Mais mit Käse überbacken. Also bitte! Pizza Hawaii wird von vielen verachtet, aber diese Mixturen gehen in Ordnung? Und immer hat einer ein Pfännchen, bei dem der Käse nicht schmelzen will. Wen es trifft, weiß man vorher nicht. Russisch Raclette! Dabei entwickelt sich eine Temperatur, die subtropisch zu nennen ist. Strip-Poker kann man sich sparen, denn die Gäste werfen die Klamotten nach kurzer Zeit so schnell ab wie sonst nur der Benjamin im Büro die Blätter.

Im Laufe des Abends kann es zu starken optischen Veränderungen kommen. Gesichter mit sexy Smokey Eyes verwandeln sich allmählich in Richtung Pandabären, um zu Mitternacht wie Alice Cooper auszusehen. Dazu ist es unmöglich, zusammenhängende Gespräche zu führen, die länger als zwei Sätze währen. Denn spätestens beim dritten Satz grätscht jemand rein mit: „Könntest du mir bitte mal das Mais-Schälchen geben?!" Dazu gibt es den unaufhörlichen Schalentausch. Mit der Rechten empfängt man die Gürkchen, während man mit der Linken den Käse weitergibt. Nur Kali, die indische Göttin mit den vielen Armen, käme hier ohne Probleme zurecht. Bei größeren Runden sollen sich Menschen schon so ineinander verschränkt haben, dass sie um Mitternacht gemeinsam den Sternlespeier in die Luft halten mussten. Seid ihr verliebt? Nein, verknotet!

Ich bin für getrennte Essen, bei denen jeder einen Teller vor sich hat, mit Speisen, die zusammenpassen. Lachs mit Kartoffelbrei und Gemüse. Wem der Raclette-Effekt fehlt, kann sich den Teller ja erst von sechs Leuten weiterreichen lassen und dann Käse drüber raspeln.

Bis Mitternacht vertreiben wir uns dann die Zeit mit nachhaltigem Wollmäuse-Deuten. Die sieht doch aus wie eine Insel! Ein Urlaub steht bevor! Um Punkt null Uhr kommt dann der große Moment: Ich stelle die Las-Vegas-Weihnachtskette auf Stufe zwölf, da erblasst jedes Feuerwerk.

Kommen Sie gut rüber. Und Sie wissen ja: Alles wird. Vielleicht sogar gut.

JOHANNES, DER TEUFEL

Kirchentag in der Stadt und die vielen fremden Besucher zeigen: So könnte Nämberch mit freundlichen Bewohnern ausschauen. Kleiner Scherz, es sind ja viele Franken darunter – nur sind auch die ungewohnt gut drauf.

Ich fand es als Kind immer schön, in die Kirche zu gehen, zumal es nicht zu oft vorkam. Eine Sache trieb mich als kleines Kind aber nach einem sonntäglichen Gottesdienst um. Ich verstand es einfach nicht. Johannes, der Teufel.

Warum wurde der bitte in der Kirche so gehypt? Der Teufel! Der Typ war doch sonst eher als Gottes Widersacher bekannt, und jetzt hieß er plötzlich Johannes und wurde vom Pfarrer nicht nur dauernd erwähnt, sondern auch noch gelobt. Ich verstand die Welt nicht mehr. So lange, bis ich mir ein Herz fasste, und meine Mutter dazu befragte.

Ich weiß noch, dass sie erst stutzte und dann sehr lange und sehr laut lachen musste. Danach erfuhr ich, dass es neben dem Wort „Teufel" auch noch das Wort „Täufer" gab. Und es sich bei besagtem Johannes darum handelte und nicht um Luzifer. Mein Vokabular war um ein Wort reicher und mein christliches Weltbild wieder in Ordnung. Eine Vereinigung, die den Teufel lobt, hätte mich dann doch skeptisch gemacht.

Beim Übertritt ins Gymnasium kamen weitere Erkenntnisse dazu. Ich erfuhr, dass es einen Genitiv gibt und er auch eingesetzt wird: „Der Angelika ihr Vater" war falsch. „Angelikas Vater" war richtig, hat's kassen. Ich nahm es hin.

Aber das war noch nicht alles. Um uns in den richtigen Religionsunterricht einzuteilen, wurde unsere Konfession abgefragt. Ich war offenbar eine Weile geistig abwesend gewesen und vielleicht mit einem Duft-Radiergummi beschäftigt oder einem Glitzerstift. Keine Ahnung. Jedenfalls wachte ich erst wieder auf, als die Mitschülerin vor mir befragt wurde: „Römisch-katholisch?" Das Mädchen nickte. Iris hatte dunkelbraune Haare und dunkelbraune Augen und sah mediterran schön aus. „Röckl, Anette, römisch-katholisch?", fragte mich der Lehrer? „Nein", antwortete ich. „Nur katholisch." So exotisch wie Iris, die Römerin vor mir, war ich nicht.

Ich weiß es nicht mehr genau, aber ich denke, der Lehrer muss sehr gelacht haben. Und ich hatte wieder dazugelernt: Auch Franken sind römisch-katholisch. Aber nicht nur über mich wurde gelacht, auch ich lachte über etwas. Über die Zeichnungen meiner Mutter in meinen Religionsheften. Bis zur zweiten Klasse ließ ich nämlich zeichnen. Ein Bild ist mir noch in Erinnerung: der Einzug nach Jerusalem. Gespannt wartete ich auf die künstlerische Umsetzung meiner Mutter. Jesus saß mit einem Palmzweig in der Hand auf – einem Fuchs! „Das ist ein Esel", beteuerte meine Mutter. „Niemals!", jammerte ich. Vielleicht war es wirklich kein Fuchs. Heute interpretiere ich die Darstellung dieser Bibelstelle neu und finde es ganz passend, dass mein Jesus auf einer Katze nach Jerusalem einzog.

DEUTSCHE VITA

Weil das Gute liegt oft nah, habe ich neulich mal einen Tagesausflug unternommen: mit der U-Bahn zur Lorenzkirche. Urlaub in der eigenen Ciddy! Und es war durchaus schee. Nach einem Selfie (muss sein im Urlaub) vor der Lorenz-Church wandelte ich über die Museumsbrücke und freute mich, dass der Geruch, der mir aus den Ständen mit Tüchern, Schmuck und Lederwaren entgegenwehte, immer noch haargenau derselbe war wie in meinen Teenagerzeiten. Gut, es könnte daran liegen, dass die Waren noch aus dieser Zeit stammen. Denn wer, bitte, kauft die ganzen Lederbändeleien und Korbverflechtungen?

Mit den Cafés auf der einen Seite, Menschen hinter Aperol Spritz, herrschte fast so etwas wie mediterranes Flair auf der Brücke. Vor allem, wenn man selbst einen Aperol getrunken hat. Der Blick aufs Heilig-Geist-Spital – oben blau-weißer Himmel, unten braun-grüne Bengertz – war, wie immer, ein Postkartenmotiv. Seit es Handys gibt, halten auch Einheimische den Blick hier oft fest. Ich schlenderte am Geschäft einer Kaffeekette vorbei. Zu meiner Kinderzeit gehörte ein Besuch der Kaffeestube obligatorisch zum Stadtbesuch. Meine Mutter trank hier gerne einen Kaffee und beobachtete durchs große Fenster die Passanten. Ich, hüfthoch, trank Kakao und betrachtete den Balken des Stehtresens vor meinen Augen. Ab sieben Jahren etwa weitete sich mein Horizont dann aufgrund von Wachstum. Endlich sah auch ich die Passanten. Ich war fast erwachsen, juhu! Bei der neuen Kaffeekette gibt es keinen Ausblick mehr, dafür gibt es Schlafanzüge dort zu kaufen oder Strandtaschen oder Silberketten in der Box. Die Dinge ändern sich.

Ein Ding ändert sich allerdings nicht, jedenfalls nicht in jüngster Geschichte: der Hauptmarkt. Ich als Ureinwohnerin bin seine Schönheit ja gewohnt, aber sollte man Touristen nicht etwas vorwarnen? Am besten mit einem interaktiven Reiseführer, der Antworten gibt. Von der Museumsbrücke kommend, betreten Sie den zentralen Platz von Nämberch City, den Hauptmarkt. Tätärätääää! Wie bitte, ob er das sein soll? Was soll das denn heißen? Natürlich ist er das. Acht Stände mit Obst und Gemüse, dazu eine Handvoll rollbare Essenswägen, extra in rot-weißem Gehäuse verkleidet. Was haben Sie denn erwartet? Mehr? Buden? Ja, simmer der Viktualienmarkt? Bänke zum Hinsetzen? Ja, simmer ein Hauptplatz einer Metropole? Ach so, stimmt, sind wir. Ja mei, wir sind halt anders. Bei uns steht man auf dem Hauptplatz der Stadt. Im Gehen kann man auch besser den Senf von den „Drei im Weggla" auf sich verteilen. Ruhe etz, sonst gibt's a Schelln!

Ich verteilte die Soße eines Falafel-Wraps auf meinem T-Shirt. Überreicht hatte ihn mir ein Essenswagenverkäufer mit traurigem Blick. Vielleicht wünscht er sich auch etwas mehr Leben hier. Ich wünsche mir vor allem mehr Bänke hier. Männleinlaufen okay, aber ich würde es hier an diesem Platz gerne wie Loriot halten: „Ich möchte einfach nur hier sitzen!" Bei den abgezählten Bänken hier keine leichte Sache. Eher wie die Reise nach Jerusalem. Nur der Schnellste schnappt sich den Platz. Künstler Olaf Metzel hatte 2006, pünktlich zur Fußball-Weltmeisterschaft, mit 780 Stadionsitzen den Schönen Brunnen zugebaut. Wer Franken mal überschäumend erleben möchte, kann so was mal ausprobieren. Vielleicht waren aber auch alle nur so wütend, weil der Metzel seine Sitze wieder mitgenommen hat. Die hätte man doch prima hier gebrauchen können! Wie einst die Hörl-Hasen über den Markt verteilt, hätten die einen echten Mehrwehrt. Wenn dann noch der Nürnberger Oberbürgermeister, Fan von fahrbarem Grün, endlich noch ein paar Bäume heranrollt, könnte es fast lauschig werden. Vielleicht sollte man sogar die Kolonnaden, die es Anfang des 19. Jahrhunderts hier gab, wieder errichten. Feste Budenzeilen umgeben den Markt, wir könnten darin wandeln wie in Bologna oder Turin. Das wäre ja fast Dolce Vita! Okay, deutsche Vita. Flair, Atmosphäre, bella vista! Und dazu ab und zu jemand, der uns zusammenscheißt. Damit wir keinen Höhenflug kriegen in der Frankenmetropole. Das wäre so schön. I have a dream.

VON MICKY MAUS ZU MICKY RATZ

Als Kind hält man ja einiges für möglich und unmöglich. Ich war im Alter von sechs Jahren etwa felsenfest davon überzeugt, als Erwachsene niemals Hosen zu tragen. Nur Kleider und schwingende Petticoat-Röcke würde ich anziehen, wenn ich groß wäre, schwor ich mir. Praktische Hosen, ade! Heute sieht man mich sehr selten im Petticoat in die Redaktion schweben. Ich habe einzig und allein praktische Hosen an, weil ich mich sonst verkleidet fühle. Und hier sind wir schon bei Nummer zwei der Unmöglichkeiten aus Kindersicht. Fasching nicht toll zu finden, ja überrascht davon zu sein, dass am Sonntag der Gaudiwurm durch Nürnberg zieht, wie gibt's denn so was? Die spinnen, die Erwachsenen, hätte ich als Kind gedacht. Wie kann man Fasching fast vergessen? Wie kann man da nicht ausflippen vor Freude? Wie kann man sich nicht als Prinzessin verkleiden, wenn man es selbst in der Hand hat?!

Mich hatte an Fasching meine Mutter in der Hand. Und zwar buchstäblich. Faschingssonntag, sie hält mein Gesicht fest und zeichnet mir mit dem flüssigen Eyeliner ein schwarzes Mausnäschen. Eyeliner riecht seitdem nach Fasching für mich. Es folgen Mausaugenbrauen, Mausbäckchen und dann das selbstgeschneiderte Mausgewand. Mit Ohren und Umhang und Schwänzchen wurde ich zur Micky Maus. Jedes Jahr. Ein sehr nachhaltiges Kostüm. Im Alter von drei oder vier Jahren war ich offenbar ein goldiges Mäuschen. Ich feierte mit meinem Kostüm mindestens so große Erfolge wie Markus Moses Söder in Veitshöchheim. Aufgrund großer Putzigkeit gewann ich beim Fasching in der Innenstadt einen Preis. Ob der Gewinn Käseecken waren oder Luftschlangen, weiß ich nicht mehr. Aber ein Foto auf dem Arm des Faschingsprinzen belegt meinen Sieg. Ich weiß noch, dass es mir unheimlich war, so auf den Arm genommen zu werden von einem fremden Narren.

Einige Jahre später hätte eher ich den Faschingsprinzen auf den Arm nehmen können. Ich mauserte mich von der Micky Maus zu Micky Ratz. Größentechnisch. An meiner Kostümierung änderte das nichts. Gnadenlos ließ meine Mutter den Stoff am Maussaum aus. „Des geht scho noch!" Dass Mickys Schwänzchen hinten am Umhang immer höher rutschte – vom Popo auf den Rücken, focht die Frau nicht an. Micky blieb, mit dem Argument, dass es erstens als Kostüm schon da war und zweitens das Tragen praktischer warmer Hosen darunter möglich war. Prinzessin, das wäre einfach zu luftig, behaupteten meine Eltern. Eine üble Finte. Aus heutiger Sicht sehr fortschrittlich, mich nicht in die typische Mädchenrolle „Prinzessin" zu pressen. Damals fand ich es einfach hundsgemein.

Wenn ich heute schon keine Röcke trage, bin ich meinem Kinder-Ich eines schuldig: als Prinzessin zum Gaudiwurm zu gehen. Ich werde das tun, da beißt die Maus keinen Faden ab.

HETERO, HOMO?
DA KRIEGST DIE MOTTEN!

Lange wurden sie von der Maus verdrängt, aber nach ihrem Auszug war es wieder so weit: Ich konnte Gerda und Hilde, zwei fränkische Motten, die in unterschiedlichen Schubladen wohnen, in meinem Kleiderschrank belauschen:

Hilde: „Harch, Gerda, ich mou der wos derzilln. Die Moddn aus der Schubloodn nemdro, die Renade und den Stefan, kennst ja, odder?"

Gerda: „Fraali, die hab i scho öfter droffen in die Wollsoggen. Nedde Leid ..."

Hilde: „Gaynau. Aber etz harch, die sind net bloß so zamm eigmodded. Die homm wos mitanander ..."

149

Gerda: „Wos? Die sind a Bärla?"

Hilde: „Gaynau."

Gerda: „Aha. Dann sin des gwiss so Hederos, oder wäj des hasst?"

Hilde: „Mit haddem D. Aber ja, des sinds. Aber gud, es sind sehr nedde Leid, ordentlich, bringer die Danga-Hösla nie durchanader, dou konnst nix sogn."

Gerda: „Ja, und es kann ja aa jeder machen, was er will, is ja denner ihr Sach. Mich interessiert des ja net!"

Hilde: „Naa, mich a net. Wie hasst des? Jedem Dierchen sei Bläisierchen."

Gerda: „Gaynau. Aber ich frooch mich halt, ob mers immer so zeign mou?"

Hilde: „Ja, manche lassens scho arch raushänger. Im Baddnerlook durchn Schrank fläign, mou des sei?"

Gerda: „Oder neilich hamm aus der Schublodn drüber welche gheirad und sind hupend durch die Underhuusn gflugn. Des woar a motz Gwerch. Mou mer dou su a

Gschiss machen? Soviel Grund zum Jubeln is a Ehe suwwiesu mastens net!"

Hilde: „Werggli net. Aber des geht ja im Modden-Kindergadden bei dener scho los. Dou spielns Vadder, Mudder, Kind. Su a hedersosexuelles Zeich hat meiner Meinung nooch im Kindergaddn nix zu suchen."

Gerda: „Und a weng bassd ma ja scho aaf. Später kummd der Handwerker, wall die Schrankdüür quietscht."

Hilde: „Und des is gwiss a su anner?"

Gerda: „Ja, des is so a Hedero. Habbi gheert, wie die Röggl delefoniert hat. Die Männer vo denner denner gern handwerken, hats kassen."

Hilde: „Habbi aa amol gseng im Fernzehn. Dou hats a ganze Serie gehm: ‚Hör mal, wer da hämmert!'"

Gerda: „Jedenfalls ist mir des ja woschd, weil ich bin ja dodal dolerant, aber den Fabian, unser Junior-Moddn, schiggi da trotzdem ganz nauf in Schrank. Net, dass der Hedero den no umdreht und am End will der Fabian dann aa in an Fußballverein oder boxen."

Hilde: „Allmächd!"

Gerda: „Oder er kummd am End mit anner Lea oder Sophie zamm. Dabei hamm mir scho immer gsachd, der heirat amal den Leon, den kennt er scho seitm Kindergaddn. Ganz a anständicher Bou!"

Hilde: „Die zwei wären su a scheens Bärla."

Gerda: „Gell? Des lass ich mir net von am hederosexuellen Handwerker durchkreuzen … Dass der den Fabian auf Gedanken bringt …"

Hilde: „Trau, schau, wem!"

Gerda: „Frähjers hats suwos net gehm. Net su arch auf jeden Fall. Etz ist ja ball scho jeder Zweide hedero!"

Hilde: „Ja, des is fast scho a Mode edzerdla. Fräjher hat mer was erbern mäjn, dou hat mer goar ka Zeit ghabt für su Hederoflausen!"

Gerda: „Des stimmt. Aber gud, Hederos sind aa Menschen. Lem und lem lassen. Als Ausdruck unsrer Doleranz stellen mir dem

Hedero-Handwerker an Bierkasten hie, weil des trinken solche Männer gern, hats kassen."

Hilde: „Des is ja in Oddnung, sulang sies net so öffentlich machen in anner Parade oder am Bierzelt. Suwwos wie des Oktoberfest, so a öffentliche Zurschaustellung in Dirndl und Lederhusn und alle bsuffn, damit dunnser sich kann Gfallen, die Hederos!"

Gerda: „Mei Red. Aber apropos Parade, ich mou no wos baggn fürn Daigmadsch."

Hilde: „Für wos?"

Gerda: „Den Daigmadsch, den Lesben-Umzuuch durch Nämberch."

Hilde: „Aha, und was baggst?"

Gerda: „Blädderdeigschneggen."

Hilde: „Des bassd! Und ich mou no Ell-Dschii-Bii-Dii-Ei-Kiuu-Löcher in die Socken fressen fürn CSD nächste Wochn."

Gerda: „Schee! Ich sooch immer: Jeds, wies will, Hauptsach, mir sin normol!"

BIN ICH NOCH GANZ DICHT?

Was macht die Maus? Nachdem sich die Fragen danach häufen, ist es Zeit, diesen Cliffhanger aufzulösen. Es ist superspannend: Die Sendung mit der Maus, Trommelwirbel, ist aus. Und zwar ohne Blutvergießen oder Mäuseknast, sprich Lebendfallen. Die hat Miss Maus trotz meiner mausgerechten Antipasti wie Käsehäppchen und Nutellabrot sowieso komplett ignoriert. Sie ist einfach so wieder ausgezogen.

Mein Maushalt ist jetzt wieder nur ein stinknormaler Haushalt. Einen Abschiedsbrief hat sie mir nicht hinterlassen, ich konnte ihre Abreise nur anhand der Köttel deuten. Die nicht mehr vorhanden waren. Keine Köttel, keine Maus. Ich habe immer auf die Vernunft der Maus gesetzt und bin sehr froh, dass ich keine der üblen Methoden habe anwenden müssen. Zum Thema Mäuseplage und Abhilfe habe ich dank zahlreicher Zuschriften und ausgerissener Zeitungsartikel, die mir geschickt wurden, jetzt ein gut sortiertes Handarchiv.

Jetzt bin ich erleichtert, aber fast auch ein bisschen enttäuscht. Was hat ihr nicht gefallen? War mein Haushalt nicht mausgerecht? Waren die Stühle zu hoch, das Mehl zu bitter oder die Schokohasen zu groß? Vielleicht wollte sie abnehmen im Sommer und dachte sich: „Bei der Röggl werr i zu fedd, dou liechd so vill rum. Und wenn was rumliechd, dann fress ich's zamm." Es soll Menschen geben, die ähnlich funktionieren. Hätte ich ihr Maus-TV bieten sollen? Tom und Jerry? Feivel, der Maus-wanderer? Oder als Thriller für sie: Catwoman?

Vielleicht lagen ihr auch zu viele Katzenbücher in der Wohnung herum, ich weiß es nicht. Ich weiß nur, dass ich jetzt nichts mehr tun muss. Jedenfalls dachte ich das bis heute. Wäre ich nicht mit Kolleginnen in die Kantine gegangen: „Wie, nix tun? Du musst jetzt alles abdichten!" Ich soll das Loch finden, durch das die Maus kam. Oder die Löcher oder Ritzen. Also bitte, da kann ich ja auch gleich den Sinn des Lebens suchen und finden.

Andererseits gibt es sonst vielleicht ein Wiedersehen mit der Maus. „Sie gehen wieder", hatte mir vor ein paar Wochen eine nette Frau nach einer Lesung mitgeteilt. „Aber sie kommen auch wieder!" Ich sehe die Maus vor mir, wie sie bei ihrem Auszug nochmal kurz an der Türe oder dem Loch stoppt. Sie trägt eine mausgraue Lederjacke und eine Sonnenbrille, dann sagt sie wie Arnie als Terminator „I'll be back!", „Ich komme zurück!". Ich denke, ich mache es so, wie man es Angela Merkel oft vorgeworfen hat: Ich sitze es aus.

Damit mir in der Zwischenzeit nicht langweilig wird, hat sich neulich ihr Großcousin bei mir sehen lassen. Ich saß abends im geparkten Auto, als etwas auf die Motorhaube plumpste. Ich schaute hoch, in das Gesicht einer – Katze? Nein, zu kurze Beine. Marder! Wir starrten uns kurz an, Auge in Auge wie die Westernhelden, dann trappelte er übers Autodach Richtung Kofferraum. Um dort kehrtzumachen, übers Dach zurückzuspurten und dann auf dem Bauch die Windschutzscheibe herunterzurutschen. Eine artistische Leistung. Ich wollte spontan klatschen.

Aussteigen wollte ich allerdings nicht mehr. Denn dann stiege der Marder vielleicht ein. Und die fahren immer so nervös. Ich hörte ihn noch kurz unter dem Auto trapsen, dann war er wieder weg. Das hoffe ich jedenfalls stark. Statt Tiger im Tank habe ich nämlich sonst am Ende einen Marder im Motor. Falls Sie sich damit auskennen: Meine Adresse kennen Sie ja.

Anette Röckl wurde 1976 in Nürnberg geboren und hat in Erlangen und Florenz Germanistik, Romanistik und Theater- und Medienwissenschaften studiert. Seit 2006 arbeitet sie als Redakteurin bei den Nürnberger Nachrichten und schreibt seit 2011 die Kolumne „Hallo Nürnberg!". Nebenberuflich ist sie Chaosverwalterin und lebt phasenweise in einem Maushalt.